30歲前一定要打的強心針

權威心理醫師金惠男／著
嚴春霞／譯

52個心理問答，為你注入52劑強心針！

前言　任何人都可能發生任何事

一天，一位略顯孩子氣的女人來到我的諮詢室。她說她到了30歲以後內心開始徬徨，但是讀完我寫的《30歲前一定要搞懂的自己》之後，心裡的癥結解開了許多，所以覺得很有必要接受一次心理諮詢。雖然她沒有經過預約就直接找上門來，但畢竟來者是客，我也不方便就這麼打發她走，於是我給她倒了一杯熱茶。

她端著那杯熱茶，靜靜地坐著一言不發，很久之後突然哽咽著對我說：「醫生，我有很多話想要問你，就是不知道從何說起。」

她看起來疲憊不堪，所以我任由她盡情地哭。大概過了30分鐘，可能心情稍稍平靜了一些，她止住哭泣說道：「因為討厭自己露出軟弱的樣子，所以總是忍住眼淚不哭。可是這之後就真的哭不出來了，最近五六年來從來沒有哭過。但是今天看到您以後，眼淚突然就止不住地流，初次見面就這樣，真是不好意思……」

「有什麼不好意思的？沒關係。想哭就哭吧。」

這是我的肺腑之言。讓30歲的她大哭一場，是那時我唯一可以為她做的。

出版《30歲前一定要搞懂的自己》這本書之前，我見了很多30歲左右的年輕人，因為我想要知道他們為什麼而煩惱，為什麼感到疲累。然而，聽完他們的故事，我慢慢失去了出書的信心。因為他們每個人的處境都各不相同，煩惱也各不相同，我不確定自己是否能夠把這些故事完整地寫進書裡。而且他們比我想像中更疲憊、更辛苦，我也不確定究竟應該對他們說些什麼。

然而，該書出版之後，許多讀者紛紛來信說從書中得到了許多安慰。剛開始我感到很欣慰，因為我覺得作為一個精神分析專治醫師，盡到了自己的職責。但是一段時間過後，隨著讀者數量的增多，我的心也變得越來越沉重。我深深地體會到，原來30歲時活在這片土地上是一件那麼辛苦的事，這讓我不禁對他們心生憐憫之情。

30歲的人在心理上還未長大成人，但是卻被強行要求獨立自主，不得不面對冰冷的現實。他們依然會害怕受傷，不敢獨自做出重大的決定，但是一旦表現出軟弱的一面，就會遭到批判。他們不願被人們發現自己脆弱自卑的一面，於是關上心扉，空虛和寂寞乘虛而入，讓他們的內心無比徬徨……正當我考慮還能做些什麼，才能幫到他們的時候，我看到了讀者的回饋，讀者反映他們為沒有具體的實際操作指南而感到遺憾，為了滿足他們的需求，我決定開始寫作《30歲前一定要打的強心針》。

事實上，精神分析不會針對任何心理問題給出標準答案。這是因為每個人的人生答案都各不相同，所以不可能存在唯一的正解。然而，精神分析師會在傾聽患者故事的過程中，和患者一起尋找問題的原因，使患者對病因領悟。俗話說：「知己知彼，百戰不殆。」我們只有瞭解到自己問題的癥結所在，才能獲得解決問題的能力。

因此，我決定在《30歲前一定要打的強心針》中，首先提出一些問題，讓大家一起分析和思考30歲的年輕人必然會感到徬徨的各種理由。其次，又根據想得到具體解決方案的讀者要求，選取了一些度過「30歲大河」的實踐方法。我試著從讀者的角度思考，心中反覆自問：假如我回到30歲的話，我會怎樣生活？我會把什麼放在第一位？我的不足之處在哪裡？我忽略了什麼？如果我的子女到30歲而感到內心徬徨的話，我會對他們說些什麼……

當我邁入40歲的門檻以後，驀然回首，遙望我的30歲時，才發現自己就像在完成一個又一個的作業。30歲的我總是考慮如何才能得到更多的愛和認可，所以無暇真正享受工作帶來的樂趣，時刻感到焦慮和不安。我擔心如果工作不能出色完成就會遭到淘汰，終日忐忑輾轉。等到要生兒育女時，我又擔心如果工作和育兒並行，不僅會把工作搞得一團糟，而且又不能好好養育孩子，因此無法享受養育孩子的樂趣。現在回想起來，其實那時的我可以活得更開心、更幸福、更愛自己，但是卻被慣用的固定思維壓抑著。

如今，不知不覺間我也到了知天命的年紀。對我來說，30歲已經無法重來，所以我真心想對那些30歲的年輕人說：三十幾歲，不要像我一樣總是說「我應該……」，你要大膽地說「我想要……」或是「我做了……，所以快樂」。千萬不要理所當然地認為「我應該……」的觀念是正確的。假如你還不知道自己真正想得到些什麼，那麼請你從現在開始，努力去尋找屬於自己的幸福和快樂。你才三十幾歲，請相信一切皆有可能。

就算你的生活不如意或遭遇了不幸，你也不能就此一蹶不振，因為人生本來就有可能發生任何事。解決遇到的問題，化解產生的矛盾；跌倒了就重新站起來，感到累了就借別人的肩膀休息一下再出發，這便是我們的人生。

感覺現在的狀況很糟糕了嗎？你應該為沒有遭遇更加糟糕的狀況而慶幸。覺得自己太內向而感到害怕嗎？這不是問題。「內向的性格不可能獲得成功」的觀點只是一個誤解而已；覺得自己的工作太無聊嗎？其實我們對喜歡的工作也有感到厭倦的時候；自己的弱點太多了嗎？與其改正弱點，還不如強化優點；害怕付出愛嗎？那麼就請你暫時休息一下。相愛是一件好事，但是不愛也並不奇怪；如果這還不足以令你鼓起勇氣前進的話，那麼請允許我送你一句話：

「人生任何時候都可以重來，你已經擁有了重新開始的神奇力量！」

愛情失意、事業受挫、前途渺茫……或許現在的你正深陷於挫折和絕望的泥沼。然而，請不要忘記上天雖然給我們帶來了苦難和傷痛，但同樣也賦予我們克服它們的力量。因此，雖然你現在經歷著的痛苦似乎看不到盡頭，但你要相信傷口總有治癒的一天，你一定會重新站起來。請相信存在於你內心的這股驚人的力量。請你將這股力量作為你堅實的後盾，邁步大膽向前走。剛剛30歲的你，一切皆有可能。希望你到了我的年紀時，能帶著幸福的笑容說：「此生無憾！」

金惠男

如何更愛自己珍惜人生

如何建立良好人際關係學會真誠

目錄 CONTENTS

Part. 1

如何更
愛自己珍惜人生

如何更愛自己珍惜人生

1 人生任何時候都可以從頭再來

從現在開始，我要留心觀察我的人生。我將不再隨波逐流，我要選擇恰當的時機，果斷地扭轉生活的方向盤。

人們通常認為一旦過了30，無論重新開始做什麼，都已經太晚了。一方面因為別人遠遠地走在前面，只有自己落在後面，因此備感焦急；另一方面又認為不管怎麼努力，也很難縮短和別人已經拉遠的距離。愛情也是一樣。人們認為過了30，愛情也就結束了。轟轟烈烈的愛情只存在於遙遠的記憶中，現在只要求滿足適當的現實條件，不再奢望愛情。

認為重新開始為時已晚而自暴自棄的人存在著一種「成功情結」。有成功情結的人，認為只有先比他人成功，才能獲得他人的認可和愛。所以，他們無法忍受比別人落後，哪怕是一點點也不行。

可如果這樣的話，就應該比別人更加努力才行，為什麼還要自暴自棄呢？仔細省視他們的內心，我們能夠發現他們害怕的眞正原因，其實是擔心即便從頭開始，最終也會因爲能力欠缺而遭到失敗。因爲如果付出努力，結果仍然不盡如人意，那只會讓自己無能、不夠聰明的事實暴露無遺。所以，他們乾脆爲自己辯解，將一切歸咎於「一切都太晚了，沒辦法。」

他們對待愛情的態度也是一樣，因爲擔心再度遭到拒絕和傷害，最終落得悲慘的下場；害怕被證實是一個沒有人喜歡的人、總是被人拒絕的事實，於是拿「太晚了」當藉口，乾脆放棄愛情。他們認爲這是維護自尊心和保護自己的方法。

可是，請不要再說「太晚了」。就算躲到這句話的後面，狀況也不會發生改變，你的挫敗感和絕望感也不會就此消失。人生任何時候都可以從頭再來，請相信這句話！世界上有很多因爲事業失敗企圖自殺但最終東山再起的人；也有走入歧途但又重歸社會的人。這些人不都在證明這一點嗎？這是因爲他們具有超強的意志力嗎？不！如果收起「太晚了」這個藉口，那麼人生就能夠借助小小的努力重新開始。

那麼，我們應該如何去努力呢？

首先，應該不斷努力嘗試。如果只是靜靜地等著，誰也不會給你機會。如果覺得與人交往很難爲情、很尷尬，而一味地躲在房間裡，那麼就眞的會被人們遺忘；當機會眞正來臨的時候，也會落到別人的手裡。如果有自己想要做但一直沒有機會去做的事，那就去找一些和它相關的其他工作去做。就算這是一個報酬很低的打工機會，也比坐在那裡空想要好得多。

徘徊在你希望的職業周圍，一方面能夠獲得相關的資訊，學習各種技巧，同時也能夠及時抓住各種機會。

電視劇「妻子的誘惑」主角——演技精湛的演員張瑞姬，其演藝生涯並不是從一開始就一帆風順的。她雖然透過了某電視臺的藝人招考，但是因爲被其他演員的光芒遮蓋而沒有受到導演的注意。張瑞姬並沒有因此放棄演員之夢。她從來不拒絕任何一個角色，抱著「在這個場面中我就是主角」的心態，盡自己最大的努力演好每一個角色。

出演電視劇「乞丐王子」的配角的時候，張瑞姬也是同樣的心態。因爲需要拍攝扮演老人的戲，她準備了假髮，而其他女演員卻什麼也沒有準備。雖然假髮比較醜，但她覺得這比較符合角色，所以還是戴上了那頂可笑的假髮進行表演。留心地看著這一切的任成漢編劇也深受感動，並選中她作爲下一個作品的女主角。張瑞姬在她演員生涯的第十年，終於擺脫了無名演員的悲哀，當上了電視劇「人魚公主」的女主角。如果張瑞姬一心想要演主角而拒演配角，如果她沒有認眞去演繹每一個配角，那麼就不可能有現在的她。

如果不斷地付出努力，機會總有一天會找上你。如果你在艱苦的條件下也能全力以赴，那就像「人魚公主」的編劇看中張瑞姬那樣，同樣也會有人發現你。

第二，不要放棄希望。朗達．拜恩在他的作品《祕密》中指出「只要迫切地希望夢想實現，那夢想就會成眞。」有的人認爲這句話是一種唯心主義觀點，然而這句話絕不是唯心主義。如果一個人眞的迫切地希望達到某一目的，他就會埋頭於這件事中，這種能量擴散開來，最終必然夢想成眞。

從前有一個年輕的漫畫家，他拿著自己的作品到各大報社投稿，希望報社能夠連載他的作品，但是沒有一個人對他的作品表示關注。他們都只是叫他早點放棄，另謀出路。但是他沒有放棄希望，就算身無分文而不得不住在老鼠成群的倉庫裡，他也始終抱著一個堅定的信念，相信自己總有一天會獲得認可。正是在這種信念的支持下，他堅持努力創作。

一天，漫畫家把騷擾自己的老鼠畫到畫紙上，最終創造出了可愛的、個性十足的老鼠形象，這便是「米老鼠」。那位年輕的漫畫家就是世界知名的動畫片電影導演華德・迪士尼。由此可見，如果不放棄希望，心中對目標充滿了迫切渴望，夢想肯定能夠成眞。

第三，記住你沒有什麼可再失去的了。如果你事業失敗宣佈破產，或被公司解雇，那麼此時你已經遭遇到了最壞的狀況，已經沒有什麼可再失去的了。已經落在谷底，那麼現在剩下的事就是努力往上爬！而且體會過困難極限的人，還有什麼不能做的呢？現在的你只是太累，需要稍微休息一下而已，你完全可以重新開始。只要不丟棄夢想，你就會有希望。

塞繆爾・貝克特（Samuel Beckett，愛爾蘭知名作家）曾經這麼說道：「又失敗了？沒關係。從頭再來。」

世界上不存在爲時已晚，人生任何時候都可以從頭再來。如果你不斷努力抓住機會，如果你不放棄希望，如果你抱定破釜沉舟的決心，那你完全可以夢想成眞。

將自己的房間徹底收拾一遍，扔掉不需要的東西。環境的改變會讓人對生活產生新的想法。

如果一件事情進行到一半時感到已經走錯了方向、出現了太多問題，不要強迫自己繼續往前，立刻停下來，好好省視一遍問題與教訓後從頭再來。

2 任何人都可能發生任何事

大部分人都認識不到一個簡單的真理，那就是生活是艱辛的。
人們總以為生活很輕鬆，沒什麼大不了，
於是一遇到問題和困難，就會抱怨生活太殘酷。

我剛得知自己生病時，腦子裡浮現的第一個念頭就是「爲什麼偏偏是我？」我實在想不通，自己到底做錯了什麼，會遇到這種不幸。我一直努力地生活，沒有犯過任何大錯。雖然我也經常在電視或電影上看到有人得了不治之症，但那都是別人的故事，怎麼可能發生在我身上呢？至少我一直認爲自己是可以躲過這類不幸的。

人們在遭遇意想不到的不幸時，往往會問「爲什麼這種事會發生在我身上？」這樣問的人在這個問題上存在兩大盲點：第一，認爲發生在自己身上的事件或疾病是一種懲罰；第二，下意識地認爲不幸只會發生在他人身上，而自己可以平安無事。

爲什麼會這麼想呢？因爲一旦發生某個事件或問題，我們會想知道它的原因。只有這樣，我們才能預防同樣的問題再次發生。實在找不到外部原因時，我們就會從內心尋找原因。這樣一來，我們就會發現藏在內心的負罪感，於是就會認爲這個事件是對自己平時懷有的負面情緒或邪惡想法的懲罰。

另外，相信「自己絕對不會發生這種事」的人，就跟幼兒時期相信自己是最受老天寵愛和保護的小孩一樣。相信老天會像父母一樣，不管發生什麼事都會保護自己。然而突如其來的不幸會徹底粉碎這種信念。這時人們會不禁感歎：「爲什麼你不再保護我了？我到底做錯了什麼……」

只要活在這個世界上，任何人都可能發生任何事。說得再殘酷一點，你現在就有可能遭遇非常糟糕的事。這並不是因爲你做錯了什麼或者是你哪裡不好，也不是因爲你沒有資格得到愛。這只是因爲人生本就如此，你永遠無法預知何時何地會發生什麼事。

美國總統林肯率領民眾獲得南北戰爭的勝利，最終解放了奴隸。他爲了建立「民有、民治、民享的政府」奮鬥終身。但你是否知道，他同樣也經歷了很多挫折和磨難？

林肯從小就不得不面對死亡。在他3歲的時候，弟弟離開人世，9歲時媽媽又離他而去。沒過多久，姨媽和舅舅也相繼去世。在他18歲的時候，姐姐死於難產。不幸並沒有就此打住。林肯婚後生下四個子女，但其中三個都不幸夭折。這樣的痛苦難以用言語形容和表達，林肯也因此患上了嚴重的憂鬱症，甚至有過輕生的念頭。但他最終以積極豁達的心態克服了絕望，在一八六〇年他51歲的時候當選爲美國第十六任總統。

存在主義的先驅齊克果一出生就體弱多病，小時候還從樹上掉下來摔傷了脊椎，使他感到十分自卑。更不幸的是，除了大哥，繼母和五個兄弟姐妹都去世很早。齊克果將這一切視爲神的懲罰，放棄了結婚的念頭。他一直患有嚴重的憂鬱症，但他沒有因此而一蹶不振。他以自己悲慘的經歷爲基礎，深入思考人類的存在。正是這樣的思考創立了存在主義哲學這股新的思潮。雖然齊克果的生活充滿痛苦，但是這份痛苦孕育了對人類存在的深刻理解。

溫斯頓．邱吉爾是帶領盟軍取得第二次世界大戰勝利的英國首相，也是獲得諾貝爾文學獎的作家，他的人生同樣充滿了接二連三的不幸。他是早產兒，一出生就體弱多病；而且因爲舌頭短，還患有語言障礙；成績也總是倒數第一，被人們叫做「弱智」「低能兒」。

不幸並沒有就此停止。邱吉爾的小女兒兩歲時死於敗血症，兒子南道夫和女兒薩拉酗酒成癮，另一個女兒戴安娜身患憂鬱症，最終自殺。而且他是在選舉時經歷過最多失敗的政治人物。雖然邱吉爾的人生充滿了不幸，但是他並沒有就此放棄人生。

「只要你想生活在這個由時空組成的世界上，那麼就請和命運妥協吧。請珍惜我們的快樂，不要感歎我們的悲傷。沒有陰影，就顯不出光的存在。人生是一個整體，不管是好的還是壞的，我們都必須接受。」

受世人景仰的偉人林肯、齊克果和邱吉爾也同樣無法避免不幸，甚至可以說一生都被不幸的陰影覆蓋。可他們遭遇不幸，也並不是因爲他們很壞或犯了什麼大錯。只要活著，就有可能發生任何事，這便是我們的人生，而我們必須接受這個事實。因此，遭遇挫折時請不要自責氣餒，也不要再問「爲什麼偏偏是我？」

人生不會像綠色的草原那樣平坦。即使是平坦的草原，草原的盡頭也可能會有險峻的山脈，偶爾還會有懸崖峭壁。即便有幸避開大難，阻礙我們前進的小障礙還是無處不在。透過翻越一個個的小障礙，我們可以鍛鍊肌肉，提高運動能力。今後當我們遇到大障礙時，也能夠輕鬆克服了。

遭遇人生的挫折時，你是只會感歎命運的不公，還是會像林肯或邱吉爾那樣利用自身的優點來克服它？雖然我們無法阻止障礙的出現，但是決定克服它，還是倒在它面前，卻取決於我們的選擇。

所以我不再埋怨這個世界，我也不再自責。正如我一直好好地活到現在一樣，我也正在學習如何才能戰勝疾病，好好活下去。好好享受當下，盡自己最大的努力……

今天你有沒有抱怨什麼事情？如果有的話，把這件事情寫下來，並分析一下產生抱怨的主觀原因和客觀原因，看看哪些地方是自己可以避免的。

你現在是不是正想抱怨？趕緊閉嘴保持沉默，並從1數到20，讓心情平靜下來。

3 卸下冷嘲熱諷的面具

在這個世界上，也許真正應該害怕的是那些雖然擁有一雙眼睛，
卻不懂得欣賞美好的事物；雖然擁有一對耳朵，
卻不懂得聆聽優美的音樂；雖然擁有一顆心，
卻無法理解真誠，從來不會感動，甚至無法燃燒內心熱情的人……

飢餓的狐狸在路上偶然發現了一棵葡萄樹，樹上掛滿了一串串令人垂涎欲滴的葡萄。狐狸開心得不得了，跳起來想摘葡萄吃。可無論牠跳得多高，就是吃不到葡萄。儘管如此，饑腸轆轆的狐狸還是不甘心，拚命地跳啊跳。一個多小時過去了，狐狸不斷失敗，最後只好選擇放棄。狐狸非常生氣地說：「哼，誰會吃這種酸葡萄！」後來，一隻狗經過這裡，牠也開始上躥下跳，想要摘葡萄。

看到這個情景，狐狸在內心暗暗嘲笑那隻狗：「眞可笑！居然爲了又酸又難吃的葡萄跳上跳下。怪不得只能在人前搖搖尾巴。」

不出所料，那條狗最終沒能吃到葡萄。沒過多久，一隻烏鴉飛了過來，開始啄食葡萄。狐狸覺得烏鴉很可憐：「一天到晚飛來飛去，還只能吃這種東西，難怪長得那麼小、那麼黑。這麼活著有意思嗎？」

狐狸心裡雖然是這麼想，但是卻無法阻止飢餓的肚子發出咕嚕咕嚕的叫聲。

我對伊索寓言「狐狸和葡萄」的故事稍微做了一點改編，這裡比較有趣的是狐狸的態度變化。一開始狐狸迫不及待地想吃到葡萄，但當牠意識到自己無論如何也吃不到葡萄時，並沒有責備自己的跳高能力，反而貶損葡萄，說那是酸得要命的東西，誰也不會吃。

之後，狐狸又以冷嘲熱諷的態度蔑視其他想要吃葡萄的動物。首先，牠將自己的不足之處投射到狗身上，藉此來譏笑沒吃到葡萄的狗。另一方面，牠又對啄食葡萄的烏鴉感到嫉妒。於是，狐狸將烏鴉也貶得一文不值，以此證實自己和烏鴉不一樣，不屑於吃葡萄。

狐狸很好地反映出了犬儒主義者是如何誕生，又是如何看待這個世界的。「冷嘲」顧名思義就是冷冷地嘲笑。用冷冰冰的態度大肆嘲笑，而且潛意識裡不相信人類是善良和真誠的。

英國作家奧斯卡・王爾德將犬儒主義者定義為「對任何東西的價格瞭若指掌，而對其價值卻一無所知的人」。如同狐狸一旦得不到葡萄就認為葡萄毫無價值一樣，用冷嘲熱諷的態度看待世界的人同樣會把自己得不到的事物貶得一無是處。他們抱著一種「得不到的東西就應該毀掉」的態度。

冷嘲之所以危險，是因為其中潛藏著虛無主義和無力感以及憤怒和破壞力。犬儒主義者意識到自己心儀的事物無論怎麼努力也無法企及，便會產生一種無力感。只有破壞它的價值，使自己不再渴望，才能消除這種無力感。所以犬儒主義者會站在離現實一步之遙的距離，作為旁觀者嘲笑一切。在他們眼裡一切熱情、苦惱或痛苦全都只是嘲笑的對象而已。犬儒主義者認為只有自己才真正瞭解什麼是沒有價值的東西，認為自己比其他人聰明，更瞭解這個世界，渾身充滿優越感。他們將世界踩在腳下，俯視它，並試圖支配它。

但是在犬儒主義者冷冰冰的嘲笑背後，卻藏著一張哭泣的臉。他們害怕被拋棄，害怕受傷害，用一種扭曲的形態把被挫敗了的欲望隱藏起來。犬儒主義者無法從任何事物上體會到喜悅和幸福，因為他們已經將這一切都視為毫無價值的東西。世界上任何事物都無法使他們滿足或全神貫注，當他必須去做某件事的時候，也只會敷衍了事。同時，他們還會以「這個世界不值得自己全心投入」為由，來使自己的行為合理化。不僅如此，他們還會準確指出世界和他人的弱點，讓這些人受到世人的白眼。

犬儒主義者啊，也許你並不想放棄冷嘲熱諷的態度；也許整個世界看起來不值得你為之付出努力；也許你不想放棄將一切踩在腳下的優越感。然而，請你靜靜地省視自己的內心。

也許你曾經渴望過某樣東西，但是由於種種原因沒有得到它，所以你感到非常生氣，於是暫時推開了這個世界。然而現在你在害怕，害怕就算放棄冷嘲熱諷的態度，也得不到你想要的，所以你不願意做任何嘗試。你害怕自己自卑、不足的一面被暴露，害怕失敗後會遭到人們的恥笑，害怕被人們拋棄。

當然，你要選擇怎樣的生活取決於你自己的意願。但是，如果你繼續在冷嘲熱諷這張冰冷的面具背後瑟瑟發抖，承受著孤獨，最終得到的只會是對世界和他人的憤怒。同時人們也會因爲你的冷嘲熱諷而離你而去，最後將沒有人會再原諒你的嘲諷。也許你因爲年輕而覺得憤世嫉俗很富哲理、很有個性，但當你年紀大了以後，如果依然維持冷嘲熱諷的態度，那不過是在告訴全天下你最害怕的事實——你是一個失敗者，是一個挑剔、難以親近的人。

因此，請你從現在開始摘掉冷嘲熱諷的面具，坦誠面對自己。首先，你必須承認你感到寂寞，你渴望溫暖，你想要成功，你害怕失敗。這樣你才能感覺到其他的人也同樣有著相似的欲望。因爲人總是活在相似的欲望和矛盾當中。

然後你需要做的是，在冷嘲熱諷之前努力朝著你所渴望的目標前進。也許正如你所害怕的那樣，最終你沒有辦法實現它，然而在慢慢朝著目標前進的過程中，你自然而然就會明白：人生最寶貴的東西，不是在你獲得成功的瞬間得到的，而是在你努力實現目標的過程中獲得的。你還會明白，人比想像中更需要互相扶持、彼此依賴，而人生的喜悅和幸福就在於此。

如果你仍然猶豫不決，那麼就請想一想成功和失敗的比率。假如今後你因獲得成功而變得幸福的比率，和遭遇失敗而變得不幸的比率是一半對一半的話，那付出努力之後遭到失敗的比率仍然只是百分之五十，而因沒有付出任何努力而失敗的比率就是百分之百。你會努力抓住這百分之五十的可能性，還是做一個百分之百的失敗者？

改掉酸葡萄心理。站在陽臺上，找附近價格最昂貴的住房，想像如果住在那裡可能會有哪些舒適、美好的體會；然後尋找附近價格最低廉的住房，想像住在那裡可能會有哪些有趣的經歷；最後回頭看著自己的住處，回想在這裡經歷了哪些美好的過去，展望以後可能發生的幸福體驗。

4 不要做失去好奇心的行屍走肉

從「過去」中學習，在「現在」裡生活，
永遠對「未來」充滿希望。
重要的是絕不停止提出問題。
好奇心本身就是存在的理由。

某些人每次與人見面的時候，都會用厭世的語氣說「活著太沒意思了」。他們總是抱怨今天與昨天毫無二致，遇到的人也大致相同，生活實在無趣。有時候，這些人還會問「有什麼有趣的事情可以做嗎？」但他們其實只是嘴上說說而已，並沒有什麼實際行動。等到真的發現有趣的東西時，他們又會說「那個有什麼意思啊？」說完就不再關注。他們把自己困在極度的虛無主義中。

這些人對任何事情不再抱有好奇心的原因在於，他們不想看到醜陋的自己與無法滿足的現實之間的差距。他們想得到的是華麗而精彩的生活，可現實卻無比殘酷。於是，他們對令人失望的現實再也提不起興趣，收起了對世界的所有的好奇心。結果，他們眼中的世界就變成了毫無趣味、不需要瞭解和學習的地方，而他們自己也變成了感覺不到任何欲望的行屍走肉。

我們的好奇心萌動時，會對一切東西產生興趣，這時會覺得時間過得太快，最好能讓時間停止下來。相反，在我們痛苦得找不到出口的時候，會覺得時間過得太慢，好像被關在一個無形的監獄裡一樣。爲了逃避痛苦，有些人乾脆擯棄了對時間的感覺，這樣就不再對時間感到厭倦。對這些人來說，已不存在時間的流逝，世間萬物都原封不動，所以他們實際上也不再是這個世界上的人類了。

你是否想早點變老？如果你眞的這麼想，那你就已收起了對世界的好奇心。失去好奇心的那一刻，你就會變成來日無多的老人，也不會再有任何欲望。

我們希望看到什麼，世界就向我們展示什麼。如果你對周圍的人一直存有好奇心，那他們每天都會展現出嶄新的面貌；如果你對自己的工作感到樂趣而投身其中，那世界就會賜給你所需要的東西。這樣，不僅每一天都是嶄新的、令人興奮的，而且這個世界就能讓你成爲一個更具創造力的人。

因此，你要努力變成一個充滿好奇的孩子。失去好奇心的那一刻，就意味著你變老了。隨著年齡的增長，你最需要警惕的就是別失去那份好奇心。

觀察路邊的看板、汽車上噴塗的顏色和圖案，想一想爲什麼要做成這樣。

找一些自己有一定興趣但沒有接觸過的雜誌讀一讀，也許你能從中發現新的靈感。

詢問周圍同事的興趣、愛好，問問他們愛吃什麼，每天怎麼上班，對他們產生更深一層的瞭解。

看一些自己不瞭解的國家的電影，瞭解那些國家的風俗習慣。

5 世界本來就是不公平的

不要總是和其他人做比較！他們是他們，我是我。我才是世上獨一無二的存在。爲什麼要跟別人比較而自討沒趣？別比較了！這世界上本沒有沒用的人，只有當你覺得自己很沒用時，你才會變成沒用的人。

我們接受到的學校教育是：世界是公平的。但處在這個社會中，過去的經歷告訴我們，世界是不公平的。有人出身豪門，很早就開始發跡；有人靠父母關係，很容易就找到了別人想都不敢想的好職位。與此相反，有些人身處艱難環境，無論他如何努力也無法擺脫這種糟糕處境。就好像一場宣揚「公平」的馬拉松比賽，一開始就把出身好的人安排在最前面，而出身不好的人卻被安排在最後面。

沒錯，這就是現實。人人都想世界是公平的，但這只是夢想而已。所以有很多人可能會抱怨：「爲什麼老天總是如此捉弄我？我爲什麼總是要做強者的配角？其實我只要稍稍走運一點，也一定能做出一番事業來，也能成爲一個出色的人……」但是，即使你不停地抱怨命運不公，總是借酒澆愁，可到了第二天，太陽還會和昨天一樣升起，你還是要面對現實。

反覆怨歎命運沒有一點好處，抱怨無異於拋棄了用來創造美好未來的動力。而且一味地抱怨命運，可能說明你在潛意識裡想爲那些力所能及但又不去做的事情尋求辯解與藉口。

無論命運如何，我們每時每刻都站在選擇的岔路上。無論是努力開拓人生之路的人，還是覺得逃不出既定人生枷鎖的人，都無法逃避面臨選擇的那一刻。儘管起點或許不同，但是都會因你的主觀願望以及你所付出的努力而改變。也就是說，我們的努力與瞬間的選擇，可能會左右人生的方向。正因爲如此，有的人遇到好父母，也會變得不幸；而有的人白手起家，終究也能獲得成功。

你還要想到，有時候狀況可能比現在還要糟糕。你可能出生在一個更貧窮的家庭，遇到更壞的人，遭受更重大的失敗。所以，比起更糟糕的狀況，你現在的處境是多麼值得慶幸啊！

因此，與其在抱怨命運的不公中荒廢時間與精力，不如去創造和開拓新的命運之路。從目前所處的位置出發，仔細思考一下怎樣做才能獲得幸福，這才是最重要的。所謂幸福，與成績的高低、先來後到的順序都沒有任何關係。創造屬於自己的幸福，這既是對不公平世界的一種報復，也是一種完全的勝利。命運，貌似能支配我們，其實卻受我們的選擇支配。

想一想你能公平對待你的每一位朋友嗎？你要坦然面對不公平，然後去征服這不公的命運。

每天將一件自己想要得到的東西（可以是物品，也可以是學位、榮譽等等）寫下來貼在牆上，當你憑自己的努力得到它後就撕下來。

6 不要讓過去支配現在

昨天的生活方式決定了今天的生活，而明天的生活又取決於今天怎麼生活。人生的每一天都會遇到新的機會，我們可以按照自己的方式把握機會，也可以按照自己的願望創造機會。沒有必要糾纏過去。

「我當時怎麼會那麼傻呢？」

回顧過去的歲月，我們很多時候都會感到後悔。每當這時，我們一方面感到難過，另一方面又對自己很生氣。後悔是既痛苦又甜蜜的，因爲「如果當時我沒有犯下那個錯誤的話……」的這種假設法讓我們以爲也許可以挽回錯誤的過去。

「當時如果沒有那件事的話，我肯定會過得更好。」

後悔中隱含著這樣一種想法：我們想像如果不是因爲過去的瑣碎失誤，現在就會大不一樣，我們企圖恢復受傷的自尊。可在這種情況下，過去會變得比現在和未來更加重要。因此，活在後悔中的人就是拿現在和未來做擔保，試圖改變已經消逝的過去。

這就是一心想要扭轉錯誤的過去，而不能活在當下的人們的心態。大部分接受精神分析治療的人都屬於這一類。在治療這類患者的過程中，我一直感覺他們是穿著巨大的太空衣生活，太空衣裡面裝滿了過去痛苦的回憶。然而，患者從來不曾想過脫掉太空衣，只是因爲不安和恐懼而瑟瑟發抖，糾纏在過去中不能自拔。只要脫掉太空衣就能夠享受新鮮的空氣和溫暖的陽光，還能認識新的朋友，然而他們拿不出這種勇氣。

我有一個患者，她的父親非常粗暴，所以小時候的她總是傷痕累累，結果後來她和一個與父親一樣粗暴的男人相識並結了婚。據說，很多時候，擁有酗酒者父親的女性交往的對象也是酗酒者。這些人都是穿著「過去」這套太空衣生活著的人。駭人的事件如同重複標記（repeat mark）那樣重複出現，主要是因爲內心受傷的小孩正使盡渾身解數，努力想要成長。

如果小孩在沒有任何抵抗能力的時候遭遇非常痛苦、具有強大衝擊力的事件，他的內心會留下深深的創傷，他們將會關閉心扉，還會因爲不安和恐懼而拒絕長大。但是，這個孩子會想盡辦法擺脫痛苦，所以就會重演和過去相同的狀況，努力假裝這件事情沒有發生過或想要努力克服它。然而，這只會導致他們無法擺脫過去，一味地重複這份痛苦。

精神分析就是要幫助那些被過去束縛得無法動彈的人們，讓他們意識到自己存在問題，並幫助他們試著解決問題。心理治療師的作用就是幫助患者直接面對自己的問題，爲患者分析問題，耐心地等待患者理解並最終解決問題。

有時有人會這樣問我：「瞭解過去又能怎樣呢？瞭解了會有什麼不同？難道痛苦的過去就會因此突然消失嗎？」

這話問得沒錯。有人一站在別人面前就會感到不安，想要逃避，這種心態就和小時候的記憶有關，可能小時候爸爸很兇，只要自己犯一點點錯，就會受到責備和懲罰。如果我們知道了逃避的心態和小時候家庭生活的記憶有關，那有什麼用呢？嚴厲兇狠的爸爸並不會因此突然變成一個慈祥的爸爸。即使知道自己總是看人臉色行事，不善拒絕他人的要求和小時候住在外婆家的記憶有關，可到現在來說這些又有什麼用？

如果只是瞭解事實，確實不能改變什麼，因爲我們只是達到了「認知上的洞察」。而所謂「認知上的洞察」，指的是從理論上瞭解到現在自己經歷的不安和恐懼源於過去。然而，認知上的洞察並不能引發巨大的變化，只有達到「情感上的洞察」，才能有所變化。「情感上的洞察」指的是由衷地體會到問題的原因，釋放出其間所有的傷心和恐懼。情感上的洞察會使我們發生改變。

但是，只有一次情感上的洞察是不夠的。因爲人具有抗拒改變的屬性，也具有重複過去的屬性，所以要想讓這份洞察運用到生活當中，還需要相當長的時間和努力。前進一步又後退一步，再前進一步又再後退一步，前進和後退會不斷反覆。

那我們永遠都無法擺脫過去嗎？再怎麼努力都不可能做到嗎？不！

「好的開始是成功的一半。」

一旦隱約瞭解到問題的原因，就能夠與問題「保持距離」。一旦知道無法拒絕的理由是害怕遭到拒絕，那至少能把現在和過去區分開來。所以當再次面臨相同的狀況時，我們就會想起：「啊，我又在重複同樣的行爲了。」

這樣一想之後，我們就會把選擇權抓在自己手裡。我們會問自己：「是活在過去，還是直接面對現在？」

這時，僅僅瞭解現在的痛苦來自於過去還不夠。你有必要仔細觀察心裡正在發生的事情，這樣才會瞭解出現重複行爲的眞正原因。你應該瞭解根本原因，即過去的事對現在的心理建構究竟產生了怎樣的影響。

譬如，一個害怕在眾人面前表現的患者，他應該瞭解到自己之所以這樣，是因爲小時候在外婆家經歷的一些事讓他感到憤怒，因爲自己擁有這種負面情緒，從而感到罪責感，超我（超我的特點是追求完美，它所遵循的是「道德原則」）變得過分嚴厲，所以一點小錯就感覺像是嚴重的錯誤。由於內心隱藏著強烈的憤怒，使他認爲自己是一個壞小孩，害怕自己的這些負面情緒被暴露之後會被別人拋棄，所以變得不敢跟人親近。只有瞭解到這些事實，他才能明白自己並不是那麼壞，超我才會變得稍稍寬容，罪責感才會減少，也才能夠和他人建立親密的關係。

這個過程當然會很辛苦。如果這很容易辦到的話，那麼精神分析治療又怎麼可能需要好幾年的時間呢？然而，如果你最愛的人總是在痛苦的煎熬中重複著相同的行爲，你會怎麼做呢？也許你會緊緊地抱住他，告訴他一切都已經過去了。同樣的道理，你也應該這樣去對待內心那個受傷的小孩。

現在的你已不再是一個柔弱的小孩。你是一個在面對任何問題時都能夠從容加以應對，並爲自己設計幸福人生的大人了。如果內心那個受傷的小孩壓抑著你，如果莫名的不安和恐懼令你現在反覆出現某個問題，那就努力擺脫過去吧。你首先應該弄清楚到底是過去的什麼經歷糾纏著你，然後竭力掙脫過去的包袱，讓自己的身心得到自由。

不要再讓過去支配現在了。踢開覆蓋在你身上的「過去」沉重的被子，走出家門，呼吸新鮮的空氣，望望白雲藍天。過去經歷痛苦，並不意味著現在也必須承受痛苦。如果過去很痛苦，那麼勇敢地戰勝痛苦的你，更有資格擁有享受幸福生活的權利。只要你承認過去的傷痛並爲戰勝傷痛的自己感到自豪，只要你相信自己擁有幸福的資格，只要你不畏懼用新的方式嘗試新的生活，那麼你肯定會變得很幸福。

試著學習忘記，讓你成爲像林肯一樣心胸寬闊，不給痛苦的記憶留一點空地的人。

每當你陷入回憶過去的情緒時，就用冷水洗一把臉，找一些自己喜歡的事做，分散自己的注意力。

看一看電影「亂世佳人」，然後對自己說：「每天都是新的一天！」

7 愛上生活的每一道傷疤

如果你是一位沒有悲傷與悔恨的女子，我就不會如此的愛你，我不可能會喜歡一個從不失誤、從不犯錯，一次也未曾落後於別人的人。這種人的美德是毫無生命力可言的，因此也就沒有任何價值。這種人看不到人生的魅力。

我的膝蓋上，至今還有小時候玩耍時受傷留下的十多個傷疤。看著這些傷疤，我會不自覺地笑出聲，想起當年的往事。我在玩飛機降落傘遊戲時，膝蓋不小心撞在樓梯角上，傷口深可見骨。小朋友們當時嚇得臉色發白的景象至今仍然留在我的記憶裡。而另一個青色的傷疤，則是我拿著鉛筆奔跑時突然跌倒，鉛筆頭戳進膝蓋裡留下的。爸爸把鉛筆頭拔出來後，責備我太冒失了。至於膝蓋正中長得像地圖一樣的大傷疤，是我在摔倒後弄出來的。當時我不小心用錯了藥，把治燒傷的藥膏抹在傷口上，後來傷口化膿，發燒好幾天，連學也沒上。好了之後，膝蓋上就留下了傷疤。當然，那次我也挨了媽媽的罵，她責備我不該胡亂塗藥。

每一個傷疤都有自己的故事，證明我曾經歷過許許多多的事情。小時候，我總想掩蓋這些醜陋的傷疤，可是現在，這些傷疤反而成了過去的見證，它們是證明我的存在的生命紀錄。

不僅身體如此，我的心裡也散落著大大小小好幾處「傷疤」。有些傷疤說不定從我有記憶之前就已經存在了，因爲記憶中我得到的東西總比想要的少得多。比如，我想要從父母、親戚、老師和朋友身上獲得關愛與肯定的欲望一直在膨脹；再比如，我希望整個世界圍繞自己轉，但事實卻總是不如我願。於是，我到處碰壁，經常受傷。上一個傷疤還未完全癒合，新的傷疤又會出現。

當時，我也因爲心中的這些傷疤而害羞，想要掩蓋它們，但現在的我卻喜歡上了這一個一個傷疤。受傷恢復之後會留下傷疤，再次受傷之後又會癒合，並留下新的傷疤，我就在這個周而復始的過程中一邊成長，一邊學習人生。

因此，讓傷疤成爲生活的勳章，還是讓它成爲令人羞愧的痕跡，完全取決於我們如何看待它。即使身體與心裡有著你一直想隱藏的大傷疤，也別再因爲那個傷疤而痛苦，因爲越是痛苦就越容易產生新的傷疤。

爲什麼要因爲已經癒合的傷疤而兀自痛苦呢？

傷口雖然還火辣辣地疼，戰勝傷口的過程雖然很辛苦，可是你畢竟會戰勝它，傷疤就是最好的證據。傷疤是證明你的勇敢與堅強的勳章。因此，你應該讚美自己，讚美這個無論傷口有多大，最終都堅持下來的自己。你也應該珍惜傷疤，因爲它們見證過你的力量，你要對自己的力量有信心。

珍珠就是從珍珠蚌的傷口中形成的。珍珠蚌用很長的時間，用柔軟的膜一層一層地包裹那些使自己感到疼痛的異物，最後就形成了閃閃發光的珍珠。我們的傷疤也是這樣，它們是成爲璀璨的珍珠，還是成爲危害你的異物，完全取決於你如何看待它。所以我們應該包容、愛惜傷疤。這樣，傷疤就能成爲一面堅實的盾牌，一個能指示危險的指南針，保護我們不再受到類似的傷害。

看一看自己身上有沒有以前留下的疤痕，回想當初是怎麼留下這些疤痕的，再用開玩笑的態度描繪出那些情景。

在同學聚會中主動提起自己當年的醜事，與大家一起爲此開懷大笑，讓自己過去的錯誤在笑聲中消弭。

8 不要落入自憐的陷阱

在苦不堪言的職場工作，對單身生活感到厭倦，與周遭的人維持著難以忍受的關係，為孩子操心……不管出於什麼樣的理由，我們無法享受人生，是不是因為自己有意無意地選擇了這樣的生活？

自憐，顧名思義，指的是憐惜自己。當你回憶痛苦經歷的瞬間，安慰自己說：「哦，可憐的東西，那麼小年紀就遭受那種痛苦。」這樣的行爲就是自憐。自憐雖然只能一時滿足自己的依賴需求，但是透過自憐能讓自己獲得一定的安慰，從而消解攻擊性。但是，人一旦陷入嚴重的自憐，就會將所有的精力放在自己身上，減少對外部世界的關注，可能會因此而被外部孤立和疏遠。

「大家看，『愛哭的小姐』過來了。我們趕快離開這裡吧，免得再聽那些煩人的劇情。」美淑在很遠的地方看到知英，就趕忙迴避。

「你聽說了嗎？知英只要一碰到男的，就向對方哭訴自己活得有多可憐，想博得對方的同情心……聽說前不久，知英還接近我朋友的男朋友，跟他講自己過去的不幸，兩人足足見了三次面呢。她就會裝可憐勾引男人。」

大家都紛紛點頭表示同意，有人還補上一句：「她還眞以爲自己是什麼悲情電視劇中的女主角呢。」

知英明顯是自憐成癮者。自憐也會上癮？是的。自憐是一種心理上的自我安慰行爲。自憐的成癮者一邊扮演媽媽，一邊又扮演小孩，用媽媽的角色來安慰內心受傷的小孩，從中感受到幫助別人的快感。於是在不知不覺間，他們變成了自憐成癮者。

「我很可憐吧？」他們一面流著眼淚，一面不斷反覆訴說那些不幸的往事。遭受失戀之後，就認爲自己生來就會被人拋棄，並一味地尋找證據來加以證明，這就是自憐的成癮者。

陷入自憐的人具有以下三種特徵：

1自憐是指當人發覺現實與需求出現鴻溝，備感失落時所表現出來的一種情緒。

2陷入自憐的人有很強的依賴性，他們會不斷地尋找聰明、堅強、善解人意的理想對象，以此來強化自己軟弱的一面。

3陷入自憐的人一旦遇見傾訴的對象，就會幼稚地暴露出企圖操縱和壓制對方的一連串行爲。

自憐成癮者將自己視爲「犧牲者」，想要誘發談話對方的負罪感，讓對方產生必須保護自己、照顧自己的感覺，就如同知英利用講述自己的不幸來接近男人一樣。另外，他們害怕攻擊性行爲，所以會壓抑攻擊性，強調自己是軟弱被動的人，從而防禦自己和他人的攻擊性。

自憐也會表現在精神分析治療過程中。在接受治療的過程中，患者會陷入一時的自憐情緒，會回想小時候極度渴望被愛，然而卻沒有得到充分的愛的記憶，以及受傷後憎惡自己的記憶。因爲同情蜷居在內心深處的那個受傷的小孩，患者有時還會流下眼淚。在這個過程中，患者會希望從治療師那裡得到過去沒能從父母那裡得到的愛。他們想透過治療師滿足自己的依賴需求。

如果治療師滿足了患者的需求，那患者的狀態當場就會有所好轉，但這絕不意味著患者的心病就此消失。患者仍然會認爲「我是因爲小時候受到了傷害，所以現在才會身不由己地做出這種行爲。我很寂寞，很可憐。」並藉此來不斷地將自己的狀態合理化。患者仍然是一個受傷的小孩，他們仍然不斷地渴望被愛。沉溺於自憐情緒中的患者還會不斷地尋找可以安慰自己的對象。如果這樣，治療就會陷入危險，因爲患者不但不能克服小時候的痛苦，反而沉迷於這份痛苦。因此，僅僅有理解、共感和安慰的治療是非常危險的。

姸珠在治療過程中就陷入了自憐情緒中。她不住地流著眼淚，訴說著小時候經歷的痛苦。每當這時，她總是希望身爲治療師的我能夠理解她、支持她。然而我始終保持中立的態度，並沒有滿足她的需求，受挫的她感到非常痛苦。她抗議說這段時間遭受了很大的痛苦，她之所以接受治療是爲了糾正丈夫的錯誤，是爲了獲得理解和鼓勵。但是我中立的態度讓她覺得我非但沒有站在她的一邊，反而還包庇她的丈夫，於是她開始責備我。

我問妍珠：「當你覺得我沒有站在你這邊的時候，你有什麼感受？」

妍珠想起了總是維護弟弟的媽媽，於是指責我：「醫生，你不是別人，你怎麼可以這麼對我？爲什麼你說的話讓我聽了之後感覺錯的總是我？你怎麼能夠這麼無動於衷、這麼冷靜？」

妍珠認爲我一心包庇她的丈夫，所以我和總是包庇弟弟的媽媽是一樣的。她將多年來積壓在內心的對母親的憤怒都發洩在我身上。好長一陣子，她一邊哭一邊發火，但是之後她又突然向我道歉，如同犯了大錯之後站在媽媽面前的小孩一樣不知所措。

我不是不知道妍珠渴望什麼。她極度渴望能夠全身心地依賴我，渴望能夠從我身上獲得一些愛。然而我必須忠實地履行身爲治療師的職責。

治療師在進行精神分析治療過程中必須始終保持道德中立的態度。治療師必須理解患者的問題，但不能下判斷或站在某一邊，必須讓患者正視問題，讓他自己醒悟過來。治療師的責任是幫助患者找出問題的原因，並分析結果。如果治療師過分同情患者或偏袒患者，那麼治療就很難再有進展。

幸運的是妍珠很快擺脫了自憐的誤區，找到了內心憤怒的實質。這之後，她不再那麼害怕自己的憤怒。她也認識到了，一味地壓制憤怒，憤怒反而會在某一瞬間爆發出來，造成惡性循環。另外，她也明白只有減少對憤怒的恐懼，才能慢慢培養出恰當地表達憤怒和控制憤怒的能力。

我們回憶過去是爲了消除過去的陰影，使其不再影響現在，而不是爲了陷入自憐情緒，然後透過扮演犧牲者的角色重新獲得過去沒有得到的愛。如果你正身陷自憐情緒，感到傷心難過，那麼就請你好好反思一下。看看你的行爲是否就像一個4歲的小孩，伸著貼了ＯＫ繃的受傷的手指，可憐巴巴地向周圍的大人說「我好疼啊，給我吹一吹——」你是否感覺自己是一位「不幸的公主（王子）」，你是否在享受自己的傷心……如果是那樣的話，就請大聲地對自己說：「不要再覺得自己可憐了。你還要像個孩子似的鬧到什麼時候？是跨過去、向前看的時候了。你只是累了，但你並不可憐。」

如果你將所有精力耗費在自憐自艾之中，那麼世界就會離你而去，你也許會因爲忙著自憐而錯過眞正重要的東西。如果你不想成爲自憐情緒的犧牲者，那麼我想送你一首詩，它也許會對你有所幫助。

我從來不曾見過
野獸會陷入自我憐憫。
我想凍傷的小鳥從樹枝上掉下來的時候
也不曾爲自己的存在感到過悲傷。

——摘自：D.H.勞倫斯，〈自我憐憫〉

每當感到自己可憐的時候，就讓自己微笑，微笑會傳染，它會給你帶來好運。

每當想要向別人抱怨自己不幸境遇的時候，就對自己說：「我不要別人的同情，我其實很幸運。」

如果感到自己受了委屈，直接對讓自己感到委屈的人表達自己的不滿，但要心平氣和、不卑不亢。

9 坦然面對內向的性格

內向的學生擅長思考；不善交際的學生正直沉穩；謹慎的學生失誤少可靠；有妒忌心的學生上進心強；話多的學生不會感到沉悶；缺乏自信的學生懂得謙虛；豪爽的學生富有人情味。

「犯人平時性格內向，不太合群，對社會有諸多不滿……」

在發生引起社會巨大反響的犯罪事件時，檢察機關和輿論經常會說這樣的話。很多時候，大家總是把不能很好地適應社會從而引起問題的原因歸咎於內向的性格。更讓人吃驚的是，內向型的人也認爲自己的性格存在問題。

根據一家求職網站進行的求職調查顯示，在回答「你認爲妨礙就業的最大缺點是什麼」這個問題時，「內向的性格」佔據了第一位。在我的患者當中，也有很多人認爲內向的性格是自己最大的自卑情結，他們想方設法要改變它。他們認爲不管是在工作的時候，還是在與人交往的時候，內向的性格都毫無裨益。

然而，認爲外向的性格好、內向的性格不好，這種想法本身就是錯誤的。外向性格和內向性格不存在優劣之分。它們只是理解和適應世界的方式不同而已，是根據個人的特質所決定的。內向型的人會從自己的內心尋求答案，所以他們喜歡獨立思考。而且他們在得出結論之前，會收集大量的資訊進行綜合比較，因此內向的人雖然辦事速度比較慢，但是因爲他們做事沉著、考慮周全，所以處理事情比較可靠。另外，他們的注意力和耐心也很出色。因爲他們從自己的內部獲得能量，所以對外部的刺激比較遲鈍。

與此相反，外向型的人習慣於從外部尋求答案。因此，他們會關注外部的一切刺激，並積極加以應對，他們善於社交，活潑開朗。他們處理事情的速度比內向型的人更快，懂得如何建立良好的人際關係，並從中獲得力量。他們透過與外部世界的頻繁接觸來獲得生活的能量。

性格比較活躍的人對外部環境的變化能夠迅速做出回應，擁有廣泛的人際關係，更容易適應這個變化迅速的現代社會。因此，整個社會氛圍感覺外向型的性格更具價值。外向型的人和內向型的人的比例在三比一左右，外向型的人明顯比較多。內向型的人很容易被認爲在人際關係上不夠積極，不能很快地適應社會生活，甚至存在很多的社會問題。所以內向型的人每天早上一睜開眼睛，就會受到一種無形的壓力，迫使自己必須像一個外向型的人那樣行動。

但是內向的性格也存在很多優點。事實上我就是一個非常內向的人。我喜歡獨處，不容易和人親近。所以我和不太熟的人在一起的時候，一般都會一個人安靜地待著。因爲少言寡語，在一次聚會上甚至還被當成是啞巴。然而，我只是覺得和陌生人見面聊天比較尷尬，並不是排斥他們。雖然有時我也會羨慕外向型的人活潑開朗善於社交的樣子，但是大多數的時候我還是比較滿足於自己內向的性格。我不容易和人親近，然而一旦建立起關係，就會盡自己最大的努力維繫它。另外，我喜歡思考的性格對治療患者和寫作有很大的幫助。

另一方面，因爲內向型的人會堅持不懈地挖一口井，所以成功的比例會很高。世界知名的防毒軟體發展者安哲秀博士曾經這樣說過：「NHN（Next Human Network，是一家全球化的網路技術公司）的創始人李海珍、Daum（韓國入口網站）的創始人李在雄、NC軟體（韓國遊戲軟體公司）的創始人金澤辰、DreamWiz的創始人李燦眞（音譯），他們都是內向型性格。認爲只有外向型性格才能在創業中取得成功的想法是錯誤的。」

與此同時，安哲秀博士還強調內向型的人非常瞭解自己的優點和缺點，知道自己想要做的事和不想做的事，所以成功的比例反而會更高。

那麼，內向型的性格對業務工作會有什麼影響呢？一般情況下，人們認爲業務工作需要與很多人見面並說服客戶，所以不適合內向型的人。然而，業界最優秀的銷售人員中百分之八十屬於內向型的人。日本現代職業研究所的本多信一30年間一直爲內向型的人提供免費的人生規劃諮詢，他指出，雖然內向型的人無法用出眾的口才來吸引人，也無法用愉快的動作來活躍氣氛，但是他們透過發揮自身特有的優點，憑藉思考型銷售、顧問型銷售等與眾不同的銷售戰略，坐上了業界的最高位置。

內向型的人獲得成功的例子多不勝數。因此，完全沒有必要對自己內向的性格感到自卑，也不需要存在必須改變內向性格的壓迫感。人們都依據自己的特質來形成性格。性格並不存在優劣之分。因此，請不要再努力去改變自己內向的性格。

當懊悔自己因內向的性格錯失機會時，做一些和自己愛好有關的事情，充實自己的內在，用自己所具有的實際能力彌補不善交際帶來的損失。

如果和別人談話的時候不知道該說什麼，就微笑看著對方，認真傾聽對方的談話。懂得傾聽比能言善辯更重要。

10 眞的勇士敢於直接面對自己的傷口

我們急於逃避傷痛，反而深陷傷痛的泥沼無法自拔。如果為了確定的目標而感到傷痛，並一心努力戰勝它，那麼無關痛癢的傷心就會隨之消失。

《時代》雜誌的首席記者艾曼達・里普利（Amanda Ripley）追蹤報導了一萬五千名在各種歷史性災難中倖存下來的人們。這些災難包括一九一七年運送軍用物資的蒙特・布蘭克號輪船爆炸事件，以及二〇〇一年「九一一」恐怖事件。她在《當災難降臨》（The Unthinkable）一書中，發表結論時認爲，遭遇災難的人們會採取難以預想的行爲。一般人認爲，當遭遇像海嘯或「九一一」那樣的大災難時，人們自然會以最快的速度逃離現場。然而，事實證明倖存者在感知到災難信號之後，會過一段時間才開始逃生。這是因爲他們會認爲「應該馬上會好的吧」「這種事不至於發生在我身上吧」。他們會拒絕承認自己已經處在危機狀態，認爲災難不會降臨到自己頭上。

我們使用的最不成熟的防禦機制之一就是「否認」。即對自己所具有的屬性或發生在自己身上，但又不願意承認的事加以否認。例如，被告知身患癌症的患者會認爲「我不可能得癌症，肯定是誤診」，因此他們拒絕去醫院或不斷地換醫生。人們常常透過拒絕承認不幸的現實，從而獲得一時的心理安慰。

我們不太願意承認不幸。因爲感覺一旦承認不幸，自己就會變得很悲慘，就會變成一無是處的無能之輩。或者是因爲沒有自信可以承受隨之而來的憤怒和挫折感，所以乾脆加以否認，當作任何事都沒有發生一樣。如果這樣就能夠讓不幸消失，那該有多好啊！然而，不幸絕不會消失。而且作爲漠視不幸的代價，我們需要付出的痛苦巨大無比。成鎭就是這樣的一個例子。

成鎭從不拒絕他人的請求，總是照顧周圍的人，一手攬下苦差事，所以走到哪裡都受到歡迎。然而自從他在某個聚會上聽到別人對自己有所不滿、批評自己愛出鋒頭之後，他的身體開始沉得像灌了鉛似的。他對那些無所事事而只會責備他的人感到憤怒，並因此常常失眠。

在接受諮詢的過程中，只要一談到小時候的事，成鎭就會不斷地跟我強調說自己小時候過得非常幸福，無憂無慮，但是他的臉上卻沒有絲毫表情。經過爲期一年的心理諮詢，成鎭開始袒露心聲。他第一次告訴我他小時候其實很寂寞、很辛苦。

成鎭的媽媽在不情願的情況下懷上了成鎭，所以成鎭的出生是不受歡迎的。爸爸對他漠不關心，脾氣火爆，爲一點點小事都會大發雷霆，所以成鎭一直要看爸爸的臉色行事。媽媽體弱多病，成鎭從小就擔負起保護媽媽的責任，幫助她料理各種事情。就連現在結了婚，成鎭還是每週去媽媽家料理家務，然後過上一夜。就因爲這件事，他和妻子的關係也不是很好。

和睦溫馨的童年，對成鎭來說僅僅是一個夢，並不是事實。然而他一直否認這樁事實。他夢想有一個和睦的家庭，而自己是父母寵愛的心肝寶貝，是讓父母感到欣慰自豪的兒子。所以他一直努力保護媽媽，並迎合爸爸的心意。然而，如果承認自己因此感到寂寞和痛苦，那麼非但至今傾注的全部努力和時間會化爲烏有，說不定一直壓抑著的對父母的憤怒也會爆發出來。所以他否認自己小時候的遭遇，急著用「塞子」將心靈的傷口堵了起來。

然而傷口在裡面已經開始化膿了。成鎭總是感到莫名的緊張和不安，偶爾還克制不住對他人的憤怒。因爲被塞子堵住的傷口老是想要暴露出來。

對成鎭來說，承認自己不曾擁有和睦溫馨的童年，是一種巨大的痛苦和悲傷。然而，只有承認這一事實，才能正視眞實的自己和父母。只有認識到母親同樣也有一顆受傷的心，才能擺脫對母親的複雜的情感。只有打開塞子看清傷口，才能認識到問題的本質，獲得解決問題的力量。

無論是誰，肯定都有感覺不幸的時候。然而，如果爲了獲得一時的安慰而否認不幸，那就會失去傷口自然癒合的機會，傷口也會不斷化膿腐爛。因此，如果不幸的記憶總是折磨著你，請不要再感到害怕，應該鼓起勇氣朝著內心的傷口吶喊：「是的，我很不幸，我受到了傷害。那時我還太小，因爲太害怕，所以沒有勇氣面對傷口。現在，我長大了，能夠依靠自己的力量解決問題了。雖然經歷過一段非常辛苦的時期，但是我現在過得很不錯。」

可能因爲當時受傷時傷口太疼，所以你選擇了匆忙堵住傷口，導致問題至今仍未得到解決。只有承認過去的不幸，直接面對傷口，才能獲得治癒傷口的力量。

回想自己曾經經歷過哪些傷痛，把它們寫在紙上，然後撕碎扔掉，並且告訴自己：過去就像流水，就像吹過的風，再也不會重現。要往前看，往前走。

看一些主角在逆境中成長的影片和小說，告訴自己：「他們連那些磨難都挺過去了，我也行。」

11 不要勉強戰勝孤獨

忙碌無法驅散孤獨，金錢也無法趕走孤獨，我們本是孤獨的存在。

「耶和華說，亞當獨居不好，我要為他造一個配偶幫助他。」約翰・彌爾頓曾經評價《舊約・創世紀》中的這句話說：「孤獨是神最早劃為貶義的東西。」

我們會偶爾或經常地感到孤獨，但奇怪的是我們不會因為經常感到孤獨而習慣於孤獨。隨著時間的流逝，孤獨反而成了讓人害怕和想要迴避的東西。人們雖然想盡全力戰勝孤獨，但卻因禁於孤獨的羅網無力自拔。為什麼會這樣？我們為什麼無法習慣孤獨，反而更加害怕它呢？

孤獨會打破平靜，會讓人們感到自己是一種「赤裸的」「無足輕重」的存在。用某一個患者的話來說，這種感覺就像是「冷凍在冰的地獄中」。因為這種痛苦，人人都想避開孤獨，想透過努力遺忘或強制自己與人交往來消除孤獨。

但人生總會有一人獨處的時候，總會遇到要自己做決定的事。當我們處於一個人的空間時，就會重新認識到經常陪伴在身邊的人有多麼寶貴，會對與他人在一起時的習以爲常的事情感恩。只有獨處時，我們才能體驗到這種寶貴的經歷。像這樣，孤獨讓我們領悟到人只有與他人交流才能生存下去的事實。

獨處時，我們還能從僵化的思想禁錮中解放出來，接觸平時不曾想過、不曾嘗試過的東西，讓思想朝著更有創造性的方向發展。

因此，獨處並不一定意味著不幸。一個人獨處時不僅不會陷入孤獨的泥沼，還能在心裡激發出各種創造性想法，這是人類必備的生存能力之一。即「善於一個人獨處的能力」會使自己不被他人獨佔，同樣也會不讓自己去獨佔他人。因此，能夠很好地利用獨處時間的人，反而更能與他人保持親密的關係。

但令人遺憾的是，大部分的人在孤獨時，總是有意或無意地感到不安。因爲他們不願承認這種不安，所以不斷地想掩飾它。可是強迫自己壓抑已有的感情，無疑是困難而痛苦的過程。

想要讓孤獨不再痛苦，我們就必須擁有「信任」。要相信自己從一個人的空間走出來時，會有眞誠地歡迎我們的人群和世界。孤獨時感到不安和恐懼則意味著缺乏這種信任。

振宇已經七年沒有走出過房間了。自從初中時被流氓霸凌以後，振宇就不再上學了。把自己關在房裡過了兩年後，振宇透過資格考試，升入了高中。但不到六個月，振宇就因無法適應而退學。他又一次躲入了自己的房間。這期間，振宇曾做過不少重返社會的努力，但全都沒有成功。就這樣，從十九歲起到現在，振宇再也沒有走出過自己的房間。

振宇是典型的「繭居族」。「繭居族」一詞來源於日語，指那些與外部社會隔離六個月以上、獨自躲在家中的人。患者的年齡層大部分爲活動旺盛的二、三十歲一代。由於患者人數急劇增加，在幾年前這已經是一個社會問題了。這些人沒有朋友，也不與家人對話，把自己囚禁在與他人斷絕一切聯繫的牢籠中。雖然每天都在忍受著孤獨的折磨，他們卻不願踏入社會。這是因爲這些人缺少對自己和他人的信任。他們認爲走入社會就一定會帶來傷害，會變得不幸。對他們來說生命不是「活下去」，而是「維持下去」。

孤獨也許是人的宿命。無視這一點，想要拚命戰勝孤獨不僅會否認自我存在的特性，而且會使人際關係變得更糟。因而這種掙扎是痛苦的。但把自己禁錮於自我封閉的空間，也是違背需要與他人交流的人性本能的做法。我們不該害怕孤獨，而應自然地接受它。孤獨這一寶貴的時間能讓我們對自己和他人的存在重新進行深思。因此，請不要再愚蠢地想去戰勝孤獨。

一個人去爬山、游泳，感受大自然的美好。或者熱情投入學習一門語言，每天與自己練習對話。

每個月拿出一天來自省、冥想，對自己的內心與行爲進行反思。

當認爲自己因社會而受到傷害時，也想一想自己因社會而得到了多少幫助。

即使是自己不願參加的社交邀請，也以微笑和善意的態度拒絕。

12 別人也會和你一樣感到害怕

我們擔心的事情中有百分之四十是絕對不會發生的，百分之三十是已經發生的，百分之二十二是非常瑣碎的，百分之四是我們無法改變的，只有百分之四才是真正可以處理應對的。換句話說，我們的擔心有百分之九十六是沒有必要的。

明珠在與人相處的時候，對他們的細小反應也會費心，所以經常感到疲憊。因爲她總是處在緊張的狀態，擔心其他人會討厭自己。一旦發生那種情況，她就不知道該怎麼辦才好。好多次和朋友或公司同事參加完聚會回到家，她都會想「剛才說話的時候他一直在笑，是不是覺得我像個傻瓜？」「他的表情不太好，是不是我做錯什麼了？」她就這樣一直擔心，有時甚至因此難以入眠。她爲自己不能像其他人那樣開朗自信而感到自卑。她也知道不能總是看人眼色行事。

明珠的問題在於她存在著嚴重的「疑心病」。有疑心病的人常常擔心別人會在背地裡說自己的閒話、罵自己。

他們有時候走在路上，聽見旁邊的人突然一陣爆笑，也會懷疑「他們是不是在笑我？」於是心情變得一團糟。然後，他們還會很關注照在櫥窗裡的自己的樣子，看看自己的衣服上是不是沾上了髒東西。每個人應該都會有過這樣的經歷。疑心病和自卑感有關。因爲覺得自己不夠完美而感到自卑，所以錯誤地認爲別人也會看不起自己。

我問明珠：「你說別人都排擠你，那麼他們有沒有向你提議一起去玩或幹什麼事情？」

「有過。剛開始邀請過幾次，但是因爲我很害怕，所以就拒絕了。」

「當時他們會怎麼想呢？他們不會覺得是你討厭他們嗎？也許首先遭到拒絕的是他們吧。因爲覺得你討厭跟他們在一起，所以後來乾脆就不再問你了。」

聽了我的話，明珠睜大了眼睛，「那麼，你是說先受傷的是他們？因爲是我先拒絕了他們？」

明珠說她從來沒有想過其他人也會受到傷害。

有的人會認爲其他人都會過得幸福而平安，只有自己一個人感到憂鬱不安。而且他們還會認爲自己寒磣，人們都討厭自己，中傷自己。於是他們一味地迴避與他人的交往。他們會像明珠那樣，不惜傷害親近自己的人，也拒絕和別人交流。

其他人眞的就沒有問題了嗎？眞的是因爲沒有任何問題，所以才會看起來總是那麼開朗、自信、幸福嗎？不是的，你只是出於自卑才會這麼認爲。其實，人與人的生活都非常相似。看起來再怎麼獨特另類，也擺脫不了人類生活的大框架。也就是說，只要是人類，就不可能完全擺脫矛盾或不安。

不相信嗎？那麼就請問一問身邊的其他人。也許問過之後，你就會發現可能你在別人眼中看起來也像是無憂無慮的。因爲你從來沒有說出過自己感到憂鬱不安，所以他們會覺得你是無憂無慮的。

事實上，並不是只有你會覺得脆弱，並不是只有你才會感到害怕。每個人都存在大大小小的問題，也都承受著一定的壓力。也許別人擔心的問題比你的問題大得多，只是你沒有察覺而已。

你怎麼能夠在對他人一無所知的同時，希望他人理解你呢？而且別人也不至於那麼空閒，一直以說人閒話度日。這話聽起來也許很殘酷，但確實是事實。他們有他們的生活，有自己需要去解決的問題。

因爲我們都存在不足和不完美的一面，所以需要某個人來塡補自己的不足。其他人也會和你一樣感到害怕，所以請你主動親近他人。把自己的肩膀借給別人，偶爾也靠一靠對方的肩膀。那樣，心中的恐懼就會退卻，幸福才會找上門來。

從今天開始，不管認識不認識，見到鄰居先微笑著大聲打招呼：「您好！」你會意外地發現平時面無表情的鄰居原來也可以笑得那麼燦爛。

每個人都有屬於自己的不幸和傷害，站在別人的立場上想一想他們的困難和痛苦。

寫下你當前正在擔心的幾件事情，然後全力以赴對付這些實實在在應該解決的問題。

13 擺脫習慣性的消極思維模式

島民們居住的村莊後面一般都有公墓……人們在公墓前面生活得依然那麼幸福。在死亡的旁邊生活依然溫暖！生活都是兩面性的。悲傷的另一面是喜悅，傷口的另一面是癒合，失戀的另一面是愛情，絕望的另一面是希望，而黑暗的另一面則是光明。

眞英早上睜開眼睛後，一看手錶就吃了一驚，離上班只有十五分鐘了。她匆匆忙忙地抹了一把臉就趕緊出門，本打算搭計程車去上班，卻遲遲叫不到車。

「眞是倒楣。」

眞英等了十分鐘後好不容易叫到車，坐在車裡她又想到主管會一臉嚴肅地訓斥自己「怎麼又遲到了」，忍不住冒出一身冷汗。

只要是上班族，都會有過類似的經驗。然而，習慣負面思考的眞英的想法並沒有就此打住，而是一環接一環地想下去。

計程車司機突然從後視鏡裡瞥了眞英一眼，這被眞英看在眼裡。司機的神情看起來好像不很高興，眞英變得更加意志消沉了。

「我太懶了！昨天的工作沒好好做完，現在又遲到，我肯定會在很多人面前丟臉的。人們會怎麼嘲笑我呢？可能會希望我立刻辭職吧。因爲我只會給同事帶來麻煩。世界上沒有一個人喜歡我。不然，怎麼會連計程車司機看到我也會不高興呢？我怎麼會把事情弄成這樣？我懶散、一無是處，我是人生的失敗者。我沒有活下去的價值。」

眞英這麼想著，突然眼前一片發黑，感覺喘不過氣來。她看不到任何希望，甚至想到「與其這樣活著，還不如從計程車上跳下去」，於是她的身體變得癱軟無力。

眞英就因爲昨天沒有把工作做好，今天早上又遲到，所以覺得沒有活下去的價值。也許很多人會覺得眞英想得有些嚴重了。然而，我們周圍像眞英那樣，遇到事情總是負面思考的人不是也很多嗎？多到讓人出乎意料的程度。他們即便經歷和其他人相同的事件，也會有著截然不同的評價。面對負面的事件，他們會產生更負面的評價。即使面對正面的事件，他們也會持負面的觀點，讓任何事情都變得很糟糕。於是，他們常常進行自我詆毀，認爲「我的人生一團糟，我討厭我自己」。甚至他們還會否定自己存在的意義，認爲自己是完全一無是處，並且毫無價值的人。

就像眞英這樣，負面的想法會一個接一個。那麼，沒有可以讓這類人停止負面思考的辦法嗎？爲此，我們必須先瞭解負面思考的一些典型模式。負面思考的趨勢也存在一定的模式，先瞭解這一點，就能夠找出擺脫負面思考的方法了。

我是失敗者，誰也不愛我

眞英依據極端的黑白邏輯來看待事物。對她來說，任何事不是成功，就是失敗，不存在中間地帶。像眞英這樣的人大部分都具有完美主義傾向，他們不能容忍一點點過失或失敗。其實，眞英所屬的小組最近三不五時就需要加夜班，大家都筋疲力竭，稍微遲到一點主管也會睜隻眼閉隻眼。如果其他人遲到的話，眞英會認爲「他是因爲太累了才會這樣」，但如果是自己遲到，她就會認定是自己「懶惰無能」。

在人際關係上，眞英也只存在喜歡和不喜歡兩種，沒有中間階段。實際上，在人際關係當中，與喜歡和不喜歡相比，不好不壞的普通關係更多一些。但是對於像眞英這樣運用二分法思維的人來說，絕對不存在中立地帶。這類人通常認爲，沒有明確表示好感和親切的人就是「討厭自己的人」，然後他們不自覺地把這「一個人」擴大到「所有人」，認爲所有人都討厭自己，然後開始從自己身上尋找原因。最終得出結論就是自己「懶惰無能」或「長相難看」，因爲這樣才會被別人討厭。

另外，眞英還會把一個事件想像成全部的事件，這被稱爲「過分泛化」。譬如，一個一直得第一的學生，有一次得了第十名，就下結論認爲「我是失敗者」，無視之前好幾次得第一名的事實，將唯一的一次失誤過度放大。事實上，大家都認爲眞英工作努力，誠實能幹，但因爲遲到了一次，再加上過度泛化的錯誤，她就認爲自己是一個「性情懶惰，會給公司帶來麻煩的人」。

如果思考一直往負面的方向發展，那麼好事就會在不知不覺之間統統消失，只留下一堆壞事，有時還會導致錯誤的判斷，這被稱爲「心理過濾」。其實眞英業務能力出色，只是因爲最近頭疼，注意力不集中，所以才會出現一些平時不會有的失誤。平時細心完美的眞英偶爾犯個小錯，反而會讓周圍的同事們感到高興，覺得「原來眞英也有犯錯的時候呀」。然而，眞英卻將此認爲是其他人一心期待自己失敗，自己只是犯了一個小錯就嘲笑自己。像這樣，不管在什麼狀況下，她總是忽視整體的氛圍，只是抓住負面的事物，用負面的方式理解問題。

2 好的結果是出於偶然，壞的結果是自己的錯

負面思考的人擁有兩把衡量世界的尺。其中一把尺彈性好，伸縮性強，可以寬容地衡量事物；另一把是鐵尺，而且刻度密密麻麻，衡量事物非常嚴格，不容許一絲例外。他們在評

價他人的時候，會拿起伸縮性強的尺，當別人犯錯的時候，他們會給予理解，認爲「他那麼做肯定有自己的理由」；可到評價自己的時候，他們會拿起鐵尺，在經過嚴厲的評價之後，得出「我確實不行」的結論。這種思維傾向被稱爲「涵義擴大」或「涵義縮小」。

習慣負面思考的人一旦陷入涵義擴大或涵義縮小的錯覺，就會將負面事件的涵義無限擴大，將正面事件的涵義盡量縮小。因此，當結果不好的時候，他們會過分責備自己，而當結果很好的時候，又會認爲這是一種偶然。

眞英同樣如此。如果別人稱讚自己，她就會縮小涵義，認爲對方只是在說客套話。如果別人稍微批評自己，就會擴大涵義，認爲對方終於說出了平時眞實的想法。另外，她認爲以前自己工作表現好全都出於偶然，是因爲自己運氣好，而犯一次錯就是暴露出了自己的本來實力。

因此，眞英經常使用諸如「總是」「一定」「完美地」「應該要」等具有絕對性的詞彙。這類詞彙自然跟恐怖、憤怒、傷口、罪責感等聯結在一起，容易陷入憂鬱情緒。然而，我們的現實並不「總是」「一定」「完美地」呈現，而且我們也沒有必要總是要求達到完美效果。因此，我們的思維必須靈活變通。當然，嚴格對待自己的錯誤，寬容理解他人的錯誤，這是正常的，但是如果太過了，那就成了一種病。

3 我是一個一無是處的人

因爲最近犯了一次錯，又遲到了一次，於是眞英就認爲自己是人生的失敗者，是一個一無是處的人，我們把這種依據思維的謬誤形成負面的自畫像的行爲稱爲「亂貼標籤」。一般人如果犯了錯，就會認爲「啊，我做錯了。可能是最近太累了吧，應該好好休息一下。」然而，眞英給自己打上烙印，認爲「自己是天生的失敗者」。這樣一來，就算有機會挽回錯誤，她也可能什麼也做不了。因爲在眞英看來，自己作爲一個天生的失敗者，必然會將一切都弄得一塌糊塗。

持正面思考的人出現正面想法和負面想法的黃金比例是1.6：1。正面思考的人也會出現負面的想法，但是他們不會將負面的想法推向極端，因爲他們知道人生當中自然會發生我們並不希望發生的事情，所以不管面對什麼樣的負面事件，他們都會努力從正面的角度去思考。

然而，那些從小經歷過大大小小的傷痛，習慣從負面的角度看待世界的人總是依據負面的思維模式來解釋自己所遭遇到的一切事件。他們會提前做出判斷，認爲現在的自己也會像看不到任何希望、無能爲力的兒童時期一樣。

如果負面的想法總是一個接一個地出現，那麼就請你仔細地想一下原因。之所以總是持負面的思考態度必定存在其一定的原因。弄清楚了眞正的原因，你就可以瞭解到你有多貶低自己。另外，你也能夠意識到你比自己想像中的要好得多。

如同壞習慣能夠得到改正一樣，負面思考的態度同樣也可以改變。首先，參考前面所提及的思維謬誤，找出自己反覆出現的模式到底是哪一種。一旦瞭解到自己的模式，那麼相同的狀況反覆出現時，就能夠意識到「啊，我又習慣性地在負面思考了」，這樣就能找出問題所在，將思維轉向正面的方向。一旦切實體會到了思維轉變的方向之後，自己的生活也會有所改變，你就能夠慢慢地從負面思維的框框中擺脫出來了。

請記住，從現在開始，你的目標是創造1.6：1的黃金思維比例。

在睡前大聲告訴自己：「我今天過得很充實。」分析自己今天都有什麼事情做得比較成功，有什麼事情沒有做好，鼓勵自己繼續努力。

寫下一件自己印象最深刻的、經過努力獲得了圓滿結果的事情，告訴自己：「我居然可以做得這麼好。」或者想一想雖然還沒有成功但經過努力就能成功的事情，然後帶著微笑去完成它。

14 讓憂鬱來得更猛烈些吧

請不要過分責備那些悲傷的人們，他們喜歡躲在悲傷的房間裡。不要去教訓或教育他們，默默等待也是一種安慰。偶爾他露出笑容，就跟著一起微笑；偶爾他莫名哭泣，就跟著一起哭泣，這同樣也是一種安慰。

「如何在這個並不歡迎我的到來，也不給我提供工作機會的世界上求得生存？」

這是剛踏入社會的年輕人面臨的第一個任務。剛踏入社會的年輕人就像是不請自來的客人。他們準備好了一切，興高采烈地前往約會場所，卻難免遭到冷漠待遇。一個人如果有了這種挫折感卻不感到鬱悶，這反而是一件奇怪的事。那麼一旦找到工作開始安定的生活，這份鬱悶就會消失不見了嗎？可歎的是，人生不如意事十之八九。挫折、絕望，以及失去的瞬間總是不期而至，難以避免。

然而現代社會以憂鬱爲恥。面對電視和電影中每天呈現的新商品和精彩華麗的生活，相形之下，自己的生活顯得寒磣而落魄。雖然我們會因爲抵不住廣告的誘惑而追求瞬間的感官快感，但那樣做只會讓內心變得更加空虛。想要透過人際關係解決空虛也只是白費力氣。在這個競爭激烈的社會，人們一心想要獲得他人的喝采。這時重要的不是成功本身，而是成功的形象。所以人們的一舉一動都像在鏡頭前面帶著微笑的演員一樣，裝出一副無憂無慮、幸福美滿的樣子。人們過著一種矛盾的生活，內心因爲對競爭的不安和空虛而蜷縮一團，外表則需要更加充滿生氣。

這個世界要求眾人必須幸福開朗地生活，表現出憂鬱就意味著失敗，所以人竭力避免憂鬱，或者將它隱藏起來。正因爲如此，人們覺得不能輕易表現出憂鬱的一面，憂鬱儼然成了一種罪惡。所以不管怎麼憂鬱，人們都會竭力隱藏起不快，假裝開朗。因爲他們擔心如果表現出憂鬱的一面，就會招人嫌惡，沒人願意親近；因爲他們不願意落到被人同情的不幸地步；因爲他們羞於流露憂鬱的神色……

然而，如果因爲害怕或羞愧而將憂鬱壓抑在內心深處，可能同時還會壓抑其他的情緒。這樣一來，整個人就會喪失活力，變得無精打采，最終患上「憂鬱症」。

精神分析學家艾米·哥特指出，正常的憂鬱情緒可以增強對生活的適應力。憂鬱有時反而會是走向成熟的契機，因爲當竭盡全力去完成的事遭到失敗，或者停滯不前，或者不知道到底哪裡出錯而不知所措的時候，我們就會做出基本憂鬱反應來應對這一危機。這就是一般所說的「低潮」，它經歷如下五個階段：

第一階段是指導致憂鬱的基本條件。即動員身心、技能，以及除此之外自身所具備的一切資源，力爭達成重要目標的努力過程。如果沒有付出努力，那麼也就不會受到傷害或感到憂鬱。

第二階段是指發現沒有達到預期目標的過程。這時我們會感到挫折感，並且因爲無法理解錯在哪裡而備感困惑。

第三階段是指有意或無意地埋頭尋找錯誤的過程。我們會利用已知的資訊和據此推斷出的結論、對自己或對他人的看法、外部環境等諸多因素來找出問題的所在，從而找出解決方法。無論如何也找不到解決方法的時候，我們的平衡狀態就會動搖，爲了尋找錯誤原因，內心產生焦慮。

到了第四階段，我們會努力利用一些特殊的方式來解決問題。這一過程大部分發生在意識以外的領域。另外，因爲這是證實自身的無能並試圖去克服的過程，所以人的心情會變得非常低落，很難走出第一步。在這一時期，人的反應速度大不如前，能力難以發揮出來，記憶力和注意力方面出現選擇性障礙，而且很容易受傷，對非常瑣碎的小事也會很敏感。另外，活力喪失，容易感到疲勞，日常生活方式也會發生變化，比如睡眠時間和食量的增減。但是這一切都是解決問題的過程。

第五階段是指爲了綜合原有的和最新瞭解到的事實，對資訊進行集中處理的過程。這時，人們會將原有的感覺和新的感覺進行綜合比較，將長期以來抱有的信念和最新獲得的結論進行綜合比較。在這一過程當中，長期以來追求的價值和期待會產生全新的變化。

因此，憂鬱還可以說是人爲了解決新的問題，調動自身潛意識資訊加工能力，努力尋找解決對策時所產生的情感。憂鬱是向別人通報目前的生活方式存在問題的心理信號，是摸索新變化的過程。所以，當陷入憂鬱而對事情失去興趣、活動量減少的時候，我們應該把它看作是爲了獲得全新的變化而在黑暗中摸索的時期。表面上看，這個時期的人雖然處在一個什麼事都做不成的無力狀態，但是在他的內心卻發生著非常多的變化。

在這個階段，我們能夠聽到一直被我們無意中忽略的、來自內心深處的聲音，這是非常寶貴的經歷。雖然經歷這個階段會很痛苦，但當內心的旅程結束時，我們會學到很多美德，會發現人生的全新意義，並且能夠使自己重新站起來。

精神分析學的治療方法當中，有一項叫做「心理劇療法」，就是讓患者在沒有劇本的情況下根據設定的狀況和角色進行即興表演，幫助他們表現出被壓抑的情緒。一天，我們讓一個年輕的女性當主角來演心理劇。她講述了自己的狀態有多麼憂鬱，多麼痛苦。其他患者爲了幫助她，說了各種好話來安慰她，但是她回答道：「現在說這些話一點用處也沒有。」於是我做了調整，讓她扮演其他角色。她默默地望著扮演她自己的角色的那位患者說：「一定要挺住。落到痛苦的谷底，然後再重新爬上來。」

心理劇結束之後，她顯得開朗多了，彷彿重新發現了希望。她意識到憂鬱是不可避免的，但憂鬱也必定會有盡頭。雖然這個時期很痛苦，但是她慢慢理解到這是一個對自己非常必要的過程，於是坦然接受了它。

憂鬱絕對不是令人羞恥的事，也不是想避免就能避免的事。憂鬱絕對不是一種必須迅速清除的負擔。憂鬱會給我們帶來新發現和自我成長的機會。精神分析學家哈特曼指出：「健康的人必須具有產生憂鬱的能力。」因此，當憂鬱來襲的時候，請好好挺住，這個時期肯定能充實我們的靈魂。

想哭的時候便痛快地哭，但是哭過了之後要努力對自己微笑。

千萬不要讓憂傷沉寂下來，試著把憂傷寫在紙上，然後再把它撕得粉碎，讓所有的憂傷夭折。

15 獻給曾經想過自殺的人們

最寬闊的大海上還沒有航行的痕跡，最遙遠的旅途還沒有結束。永恆的舞蹈還沒有開始跳起，最亮的星星還沒有被發現。當你不知道接下來該做什麼的時候，才是真正可以做些事情的時候。當你不知道接下去該走哪條路的時候，才是旅行真正開始的時候。

最讓精神科醫生感到痛心的事情之一就是得面對患者的自殺。每當從久未見面的患者家屬那裡聽到患者自殺的消息時，自責感與悲痛之情就會油然而生。是不是治療手段出了問題？當時就不能阻止他（她）嗎？醫生會在很長一段時間裡，陷入憂鬱與氣餒的狀態，「失敗的治療者」的念頭久久揮之不去。在漫長的人生路上，只是爲了治療疾病而與患者短暫地共度一段時光的治療師的心情也如此難過，更何況與患者朝夕相伴的家人和朋友，他們的內心該承受多麼大的痛苦？

不過說實話，以前我也曾動過自殺的念頭。在無法戰勝痛苦的時候，在極度的孤獨中感覺好像失去了靈魂的時候，在被周圍的高牆圍困，完全沒有任何逃脫的希望的時候……但幸運的是，衝動在我的大腦中只停留了片刻便消失不見。

現在回想起來，那時的我因爲戰勝不了對世界的憤怒、失望以及對自身的絕望，所以才想用死亡來結束這一切。最終，自殺也只成爲我試圖解決當時痛苦境遇與情感的一次不成功的嘗試罷了。

活著的人對自殺感到恐懼，並對這個話題避而不談。因爲活著的人對自殺的人總有一些揮之不去的歉疚感。據統計資料顯示，百分之九十的自殺者都患有心理疾病。也就是說，從某種程度上來說，自殺是可以被治癒和預防的。因此，我們應該要擯棄對自殺的恐懼與憎惡，要冷靜地、客觀地分析它。自殺是任何人都有可能存在的問題，誰也不能保證它不會發生在我們的家人身上。產生自殺念頭的人的心理特點大致有如下10個共同點：

1自殺的目的是想解決某些問題；
2自殺的目的就是停止意識活動；
3心理上的痛苦對他們造成了刺激和傷害；
4現實與希望嚴重不符，使他們感受到了極大的壓力；
5他們看不到希望，灰心喪氣；

6當時的認知思維處於矛盾狀態；
7當時他們的知覺受到了一定限制；
8他們的行動都是爲了想要逃離當時的環境；
9與人相處的主要目的就是想把自己的自殺意圖告訴別人；
10對他們來說，自殺將是陪伴他們一生的一個問題。

最重要的一點是，自殺是這些人尋求援助的一種吶喊方式。他們找不到逃離絕望的出口，感覺一切都結束了，在目前的狀態下無法生存下去，所以才會產生自殺的衝動。有這種衝動的人，並不是一定想死，而是在生與死之間苦惱與徘徊，這種自殺企圖可以看成是他向他人告知自己的狀態並請求援助的一種行爲。所以，想要自殺的人中，相當一部分在試圖自殺前會向周圍的人發出想要尋死的信號。可是還有很多人抱有「說想死的人絕對不會死」這種錯誤的觀念。事實上，每十個自殺者中就有八個曾在自殺前告訴周圍人想自殺的企圖。據說，美國著名電影明星瑪麗蓮．夢露在自殺前，就曾打過電話給數十個朋友。

因此，當你從周圍人的口中得到關於自殺的信號時，千萬不能忽視這個資訊。尤其是聽到對方說想死的時候，絕對不能說「想死就快去死」這樣的極端答覆。因爲即使本無多少自殺意圖的人聽到這句話後，說不定也會一時衝動而自殺。

此外，當有人突然說到自殺時，很多人都認爲應該趕快轉移話題，想以此來消除對方想要自殺的衝動。但這樣的行爲其實和放棄拯救自殺者的最後機會毫無區別。當有人說到自殺時，正確的處理方法應該是向對方直接、仔細地詢問一下其具體的計畫，問他想在什麼時候、以什麼方式自殺。有人可能擔心問這樣的問題會加速對方自殺。其實這樣詢問以後，對方會吐露心聲，自殺其實只是他的一時衝動而已。苦思自殺的人在回答這些問題時，會感覺到事情得到了認眞對待，並由此擺脫自殺的衝動，萌生求生的希望。這樣，透過和當事人談論自殺的訊息，反而能減少他們自殺的機率。

如果有人對你說他有自殺的衝動，那麼請把這句話當作一種訊息，這個訊息告訴你對方正身處在極度的苦難之中。不是對方眞的想死，而是他痛苦到想要死，向你傾訴是希望獲得你的幫助的一種呼喚。站在有自殺意圖的人的角度來說，找一個可以分擔痛苦的人，向他求救也是一種正確的行爲。

有自殺衝動的人會認爲「即使我死了，也不會有人傷心」。可事實上總有一些人，無論你處於何種狀況，只要你活著，他們就會感到高興。眞心牽掛你的人，是你繼續活下去的理由。所以不要猶豫，快打電話給他們說出你的心事，求得他們的幫助。等心中的陰雲散去，你會發現，原本似乎無邊無際的恐懼感已經在瞬間消失。

在現今的社會，越來越多的人無視與他人溝通的各種方法，選擇極端的自殺來解決自己的問題。我們也置身在這個社會中，或早或晚總會遇到這方面的情況。如果眞遇到那樣的情況，我們要安慰處在痛苦中的對方，制止其輕生的行爲。我們無意中說出的一句話，可能會給對方造成無法挽回的傷害，但同時也可能會溫暖人心，幫助那些徬徨的靈魂重歸世間。

將那些讓你想結束生命的事情及其帶來的一連串後果寫到紙上，並對其進行分析，然後找幾個信任的好友，商討每個細節問題怎麼處理。記住，是一對一的。當你和朋友們進行完一輪商談後，你會發現問題已經基本解決了。

你已經連死都不怕了，還怕什麼？拿出不怕死的精神，去努力征服一切困難吧！

16 做一個不孝的女兒

媽媽：你是我的寶貝。
潔西：我只是碰巧做了您的女兒……
媽媽：潔西，潔西，我的孩子。請原諒我。我一直以為你是屬於我的。

秀茵最近一看到媽媽，心裡就會變得很複雜。媽媽為經濟拮据的家操勞了一輩子，但是她一直都將事情安排得井井有條，具有很強的生存能力。最近可能是因為健忘症越來越嚴重的關係，有時媽媽會突然想不起東西放在哪裡，要找上好一陣子；有時還會忘記給秀茵傳達公司打來的重要電話，這一切讓秀茵備感困擾。

媽媽操持家務時，因為力不從心，飯菜的味道也大不如前；媽媽的耳朵不好，所以把電視機的聲音開得特別響。每次秀茵回到家做的第一件事，就是把音量關小。可不光如此，只要秀茵稍微嘟囔幾句，媽媽就會抱怨：「你現在長大了，翅膀硬了，就瞧不起我了？」秀茵稍微晚一點回家，媽媽就會打來電話：「現在都幾點了，怎麼還不回家？」早上秀茵忙著做上班準備的時候，媽媽會在旁邊唸叨：「這衣服是怎麼回事？」秀茵下班之後，媽媽會對白天發生的事追根究柢。另外，如果秀茵假日需要外出，媽媽還會一一詢問跟她見面的人，去哪裡之類的問題。如果秀茵實在受不了，說：「你別管，我已經不是三歲的小孩子了。」媽媽十有八九會嘮叨一番：「你怎麼可以說這種話？我辛辛苦苦把你拉拔大是何苦呢。我算是白活了。」

結果今天早上，秀茵一氣之下就說了不該說的話，「那你當初就別生我啊，爲什麼又要生下來呢？」

秀茵把話說完，砰一聲把門一關就走了，但之後馬上就後悔了。

秀茵想：「媽媽辛辛苦苦把我養大，我不能這樣對媽媽，應該再忍一忍的。我怎麼會這樣呢？」

媽媽27歲時生下秀茵。今年秀茵30歲，媽媽57歲。秀茵的哥哥因爲無法適應國內學校生活而選擇了留學，和哥哥相比，媽媽對女兒秀茵的期待更大。所以媽媽在秀茵還很小的時候就一直跟秀茵說：「女人只要有能力，就算一個人生活也可以。」

媽媽的自尊心和生存能力都很強。然而歲月不饒人，媽媽臉上的皺紋越來越多，而且最近可能是進入了更年期，突然變得非常憂鬱，容易煩躁。稍微累一點，她就會抱怨這裡痛，那裡也痛，一心想要依賴秀茵。

媽媽越是這樣做，秀茵就越是有一種被媽媽束縛的感覺。這種感覺讓她快要窒息了。雖然這樣，但她又不能假裝看不見媽媽的辛苦。看到周圍朋友和他們媽媽的關係就像朋友一樣，秀茵就想對媽媽更好一些。可是每次秀茵對媽媽好一點，媽媽就會要求更多，這讓她感到很鬱悶。每當這時，秀茵總是爲自己沒有好好善待母親而感到內疚。

媽媽最近也同樣感到很鬱悶。她覺得辛辛苦苦養大的女兒因爲自己老了就嫌棄自己、疏遠自己，這讓她心裡很不是滋味。當初媽媽迫於外公、外婆的壓力和爸爸結了婚，婚後她不得不放棄了自己的夢想。然而自從生下秀茵之後，她又重新找回了生活的意義，心裡想：「嗯，這孩子今後可不能像我一樣。我要讓她做自己想做的事。」

媽媽省吃儉用，一心培養秀茵。慶幸的是，秀茵聰明伶俐，從來沒有辜負媽媽的期望。秀茵非常懂事，每當媽媽生病或勞累的時候，她總會在旁邊安慰她。然而秀茵漸漸對媽媽感到不耐煩，開始疏遠她，現在就連傷人的話都說出口了。媽媽一方面覺得可恨，一方面又覺得委屈。有誰會補償逝去的歲月？因爲一心忙著照顧子女，媽媽和爸爸的關係也越來越疏遠，他們已經很久沒有談心了。加上最近記憶力也不太好，臉上的皺紋和老人斑越來越多，甚至都害怕照鏡子。然而，家人對慢慢老去的媽媽一點都不關心，只知道要求她當個好媽媽。媽媽覺得人生太虛無、太淒涼，感到很生氣。而且一想到自己將來會悲慘地老去，媽媽就更加煩躁。

爲什麼女兒和媽媽都有各自的煩惱和傷心呢？爲什麼母女關係會弄成這樣呢？

所有孩子都需要父母的保護。但是孩子長大成人之後，父母就應該學會放手。如果子女長大後父母還繼續把子女護在自己的羽翼下，子女就會覺得喪失了自律性和獨立性，感到難過。

尤其是像秀茵的媽媽那樣，原本擁有自己的夢想，但爲家庭做出了犧牲，在這種情況下很容易將女兒視爲自己的替身。媽媽會覺得同樣身爲女人，女兒肯定會更加理解自己的心，會代替自己實現自己沒有實現的夢想。所以媽媽開始干涉女兒的一切，將所有精力全都投放在女兒身上。這時，女兒爲了獲得媽媽的愛，也會不管自己的意願如何，努力成爲媽媽心目中的人。但與此同時，女兒又會因爲自律性和獨立性遭到侵犯，對媽媽產生強烈的不滿。再加上已到30歲的女兒想要獲得實質上的獨立，而媽媽在從更年期邁入老年期的過程中會更加想要依賴女兒，所以兩者之間的矛盾就會越來越大。

不管是什麼關係，只有完整地確保各自的獨立性，才能健康發展。尤其是家人之間，他們要在最近的距離內共用一切，所以確保個人的獨立性顯得非常重要。這並不只是能否住在一起的問題，而是彼此能夠在精神上保有多少私人空間的問題。

因此，作爲女兒最重要的是必須擺脫「善良女兒情結」。因爲善良女兒情結不但妨礙獨立，還導致媽媽無法拋棄佔有女兒的欲望。另外，女兒面對媽媽爲自己做出的犧牲不應該有負債感。嚴格意義上來說，媽媽爲了女兒做出犧牲，這是媽媽的選擇，也是做媽媽的快樂。女兒健康長大已經充分報答了媽媽。這就足夠了。

當然，想到媽媽爲了撫養自己不得不放棄夢想，看著媽媽一天天老去，作爲女兒很難完全拋掉負債感。然而，如果女兒不能獲得眞正的獨立，那麼媽媽和女兒都將永遠無法擺脫內疚和失望。只有彼此尊重，才能眞正互相支持和照顧。因此，如果你也同樣因爲和媽媽的關係感到辛苦，那麼就請馬上嘗試和媽媽「拉開距離」，即便媽媽可能會因此責備你是個不孝的女兒。

和自小就生活在一起的父母拉開距離，是一件非常困難而令人害怕的事。也許你之所以沒法和媽媽拉開距離，是因爲害怕獨立之後需要獨自承擔一切責任，但是現在你必須從媽媽那裡接過人生的接力棒，是朝著屬於你的生活出發的時候了。

只有你幸福而充滿朝氣地生活，你才能成爲媽媽有力的後盾。也只有這樣，媽媽才會放開你，去尋找屬於她自己的幸福人生。離開你，媽媽照樣也能活得很好。不，離開了你，媽媽反而能夠去經歷很多因爲忙於撫養你而至今不曾經歷過的事，重新找回那些幸福的瞬間。

如果媽媽和女兒能夠互相塡補各自人生的不足，成爲人生的同伴，那不是一件很棒的事嗎？如果你懂得傾聽作爲一個女人、一個母親和一個前輩的媽媽對你講述人生經歷，那麼你的人生會變得更加豐富多彩。

情。

與父母多聊聊有趣的事情，從國際大事到各自的愛好，少聊生活上、感情上的事情。

不要大事小事都向父母報告。大事報告結果，小事自己搞定。

爲媽媽找到一個新的愛好，幫助她尋找屬於她自己的快樂。

17 跨越父親這座山

我從睡夢中醒來。如同在夢裡一樣，我仍然哭泣著。為了我的父親，也為了曾經做過父親的看守、法官，以及兒子的自己，第一次流下了眼淚。我打開燈，拿出父親寄來的一些信。我想起和父親見面的場景，想起父親送給我的籃球，想起父親教我跳舞時的樣子。我第一次意識到雖然父親已經不在這個世上了，但是他的堅強品質一直是我堅實的後盾，鼓舞我健康成長。對我來說，父親是支撐我的踏板，讓我能夠驕傲、自豪地活著。

你可能經常聽到媽媽拿你和朋友家的孩子做比較的話。媽媽總是會對自己的孩子說「你看看，隔壁王叔叔的兒子不但學習成績好，而且……」用來作爲比較對象的那個小孩，被說成是一個非常完美的、任你怎麼努力也絕對追不上的人。面對這樣的比較，子女會有很大的壓力，並會拒絕比較。

人們一方面極其厭惡被比較，另一方面內心又不斷地拿自己和他人做比較。但是一旦和他人做比較，那麼不管是誰都會感到或多或少的自卑。因爲不管取得多大的成功，總有比自己更加優秀的人。當然，並不是任何人看到比自己成功的人都會產生自卑。但是有的男人即使沒有明確的比較對象，也會產生莫名的自卑感。

男人最初產生自卑，是在圍繞媽媽和爸爸展開競爭的時候。3歲至5歲的男孩子會產生想要將媽媽據爲己有的欲望，但是媽媽身邊總是站著明顯比自己更加強壯有力的父親。雖然孩子排斥爸爸，想要獨佔媽媽，但是不管他再怎麼努力也無法戰勝爸爸。這時就產生了被稱爲「伊底帕斯情結」的一種對父親的自卑感。

當孩子陷入伊底帕斯情結的時候，如果父親能夠成爲孩子適合的認同對象，那麼孩子就會暗自下定決心「今後一定要成爲比父親更出色的人，然後和媽媽那樣的女人結婚。」然而，如果父親太優秀的話，那麼孩子就會意識到自己再怎麼努力也不可能戰勝父親，於是就會備受打擊。這時自卑感就會在孩子內心深深扎根。因此，那些成就偉業的人，他們的兒子大多平凡無奇。

如今30歲左右的年輕人，他們的父母是爲生活而拚搏的一代人。他們在戰爭年代的混亂和廢墟中出生，和漢江奇蹟共同成長，在七〇年代上大學，八〇年代作爲韓國經濟成長的主力成功地舉辦了韓國一九八八年奧運會。他們是忍受著飢餓，爲成功義無反顧地奔跑的一代人，是爲了賺錢不惜犧牲自己生活的一代人。

兒子對父親充滿了憧憬，希望獲得父親的認可。但是對現在30歲的年輕人來說，小時候父親總是爲了養家餬口四處奔波，總是因爲太忙而不在自己身邊，總是早出晚歸。因此，兒子會埋怨父親，認爲他全然不關心自己，一心只知道工作。

然而，我們必須瞭解一個事實，正因爲有了父親這一代創下的富足和安定，現在30歲的年輕人才得以度過一個物質富足的童年。父親小時候，連一日三餐都覺得是奢侈，物質無比匱乏，他看到兒子享受著自己未能享受到的豐饒時，會產生一種微妙的嫉妒心。他們看不慣兒子在豐衣足食的狀況下還做出自己不喜歡的行爲。一想到過去爲了家庭不得不放棄自己的夢想，就覺得如果自己處在兒子的位置上，肯定會努力地學習和工作。所以父親會對兒子施加有形或無形的暴力。他們逼問兒子：「我供你吃，供你上學，你還有什麼不知足的？」或者是「你有什麼好煩的？爲什麼總是一副愁眉苦臉的樣子？眞是身在福中不知福。」

然而，兒子也有兒子自己的煩惱。也許他們比父親那一代生活富足，但是生活在這個前途未卜的充滿著不確定性的時代，他們感覺一切都異常混亂。他們有過富足的兒童時期，但是一九九八年高中時期卻親眼目睹了遭遇亞洲金融危機後家庭經濟的衰落，以及前輩們的艱辛生活。另一方面，他們又在二○○二年大學時期經歷了世界盃足球賽這項大慶典。他們成長過程中先後經歷過富足和慶典，不安和危機。他們既表現出樂觀的一面，又表現出謹慎的一面。因爲看不清通往富裕和成功的道路，所以他們不知該往哪裡去，始終徘徊不定，忐忑不安。

然而，他們最大的問題是，和勤勞致富的父輩相比，他們這一代太過懶散無能。他們缺少像父輩那樣透過努力生活把握富裕和成功的魄力，完全依賴父親。他們感覺自己是馱在父母背上生存的無能之輩。因爲父親顯得無比高大，如同一座不可能翻越的大山，而自己和父親相比，則顯得過於懦弱，所以他們會產生強烈的自卑感，做事畏首畏尾。但是，另一方面他們又會對父親心存埋怨，覺得自己需要他的時候他總是不在身邊，只知道埋頭工作。所以他們被極端的矛盾心態折磨，一方面尊敬父親，另一方面又埋怨和憎恨父親。

如果你認爲自己懦弱、無法獨立成事並且因自卑感而備受折磨，那麼你就有必要好好想一想了。對父親那一代來說，生存是第一位的，所以他們不得不義無反顧地朝前奔跑。然而，你在一個生存得到保障的環境下長大，享受富足是你的權利。假如你像父輩那樣在艱難的狀況下出生，那麼你也會像父親那樣努力生活。你現在的性格的形成，不是因爲你懦弱無能，而是因爲你出生在一個富足舒適的世界。

父親並不是一面你必須翻越過去的牆壁，也不是你比較的對象，更不是產生自卑感的對象。因此，從現在開始，請擺脫和父親相比較時產生的自卑感。你只須感謝父親爲你提供了一個富足的生活環境，然後請拿著你的指南針，努力去解決時代賦予你的課題。如果說時代賦予父輩的是生存的課題，那麼賦予你的課題便是在享受人生的同時，尋找工作和生活的意義。請盡情享受你的生活，努力彌補父輩因埋頭工作而錯過的美好事物。只有這樣，將來你才可能留給你的子女一個更美好、更有意義、更富足的世界。

寫下父親比自己強的十處地方，想一想父親爲什麼在這些地方比自己強。

寫下自己比父親強的十處地方，想一想自己爲什麼在這些地方比父親強。

聽父親講他以前的事情，理解父親渴求關懷的願望。

18 不要再責怪父母

離開家庭獲得獨立是一種愛自己、愛父母的行為。如果無法離開，就等於無視這所有的愛。

人到了30歲，就已經長大成人了，是離開父母獲得獨立、活出自己人生的時候了。如果這時你仍然覺得人生寒磣，並且將責任全都推給父母，這意味著你對獨自踏入社會還感到害怕。埋怨父母把沒有生存能力的子女無情地推出家門。這其實是不願承認自己已經長大的事實，希望仍然繼續得到父母無條件的愛和保護。

然而，不管你承不承認，你已經是一個大人了。長大成人意味著過去不管受到怎樣的傷害，現在都必須獨自去面對、解決了。治癒過去的傷口是你自己的責任。

責怪父母的人，還忽略了一個問題，那就是父母同樣也有不得已的理由。父母的父母在撫養孩子的過程中也會經歷許多的錯誤，你的父母在成長的過程中也受到過很多的傷害。因此，父母同樣很可憐，他們的內心也藏著一個受傷的小孩，就跟你一樣。

矛盾和問題趁著我們意識不到的間隙被一代又一代地繼承下來，這就是人生。然而，你有所不同，你知道問題出在哪裡。如果之前你因為無法確定問題出在哪裡而受到牽制，那麼現在在你手裡的，是可以幫你斬斷問題、讓你從此獲得自由的一把快刀。

你要責怪父母到什麼時候？如果你一直責怪父母，那麼等於把命運的主動權讓給了父母。如果你想要眞正長大成人，那麼就去把它找回來，成爲你自己命運的眞正主人。人的一生非常短暫，不要再責怪父母，自己的命運應該由自己做主。

想一想父母爲自己的成長都付出了哪些辛勞，嘗試把父母付出的這些辛苦與勞累都寫出來。

當感到父母沒有幫自己做好某件事情時，試著自己去做一做這件事。

Part. 2

如何建立良好人際關係學會真誠

如何建立良好人際關係學會真誠

19 停止取悅他人

20 擁有兩個可以陪你哭泣的朋友

21 面對愛情，請不要輕言放棄

22 相愛當然是好，不愛也並不奇怪

23 誰都會有負面情緒

24 生氣的時候從1數到5再開口

25 謊言、真實與坦誠

26 愛情不會讓我們成為心理治療師

27 如何處理親密關係

28 怎樣表達自己的情感？

29 草率的原諒只會毀了彼此

30 不要給別人傷害你的機會

31 沒有人會「讀心術」

32 批評應該對事不對人

33 最好忘掉你給別人提供的幫助

34 傾聽才是最好的對話方式

19 停止取悅他人

我現在才知道人生中經歷的一個又一個的苦痛，都是來自「別人會怎麼看我」的這種自我擔憂。

如果你想得到所有人的喜愛，那最終你可能被所有人厭惡。試想一下。爲了讓所有人滿意，你需要費盡心機，這是多麼令人疲倦的事啊！只要有人稍微露出一點不悅的表情，你就戰戰兢兢地想：

「不會是因爲我吧？」

「是不是我做錯了什麼呀？」

有時想得太多，甚至難以入睡。這樣下去，對別人小小的拒絕都會變得極度敏感，越來越害怕遭到拒絕。由於害怕遭到拒絕，無法跟任何人親近，於是既不可能付出愛，也沒辦法得到愛。

原本只是想得到別人的喜愛而已，可是結果是不是太殘酷了呢？然而請想一下，怎麼可能讓所有人都喜歡和認同你呢？難道你喜歡你認識的所有人嗎？這是絕對不可能的。因此，在你認識的人當中，有百分之三十的人喜歡你，有百分之四十五的人認為你很一般，只有百分之二十五的人討厭你，那麼你的人生已經非常成功了。

如果你喜歡的人討厭你，那就應該想方設法找出原因，努力改善關係。然而如果是你不喜歡的人不喜歡你，或是和你沒什麼關係的人討厭你，那麼就不要去管它。他們喜歡你或討厭你，那只是他們自己的事情。世界上相互不和的人也是非常多的。

面對討厭你的人，你也許會在潛意識中努力博取他們的好感。這時請你想一下那些喜歡你的人們吧，他們也會對你產生想法。如果你努力討好那些不相干的人，而忽視喜歡你的人的話，那些喜歡你的人就會懷疑：

「我在他的心目中到底是什麼位置呢？」

他們也許會對你越來越失望，還可能會怨恨你。請不要認為他們現在喜歡你，所以今後也會同樣喜歡你。如果你不付出努力，關係最終是會破裂的。沒有人會始終體諒你無心的態度。

因此從現在起，請收起耗費在討厭你的人身上的精力，然後把這些精力毫不吝惜地傾注在喜歡你的人身上吧。

問問自己：是不是活得很眞實？是不是每天都爲了討好各種人，累得心力交瘁？你心甘情願做人人都喜歡的老好人嗎？那麼你最好先弄清楚，想做老好人，就應該把原則抛到九霄雲外。

如果再次遇到想做老好人但又違背內心眞實意願的時候，就鼓勵自己說出心中的眞實想法。

20 擁有兩個可以陪你哭泣的朋友

你是否擁有這樣的朋友？當全世界都嫌棄你讓你感到孤獨時，他們始終庇護你。你是否擁有這樣的朋友？當你們一起乘坐的船將要下沉時，他們將救生衣讓給你，希望你「一定要好好活下去」。你是否擁有這樣的朋友？在不義的死刑場上，他們為你挺身而出，說：「即使殺掉所有人，也要讓他活下來！」你是否擁有這樣的朋友？當你即將離開這個讓人無限依戀的世界時，會因為「幸好有一個他」，使你含笑閉上眼睛。

人們認爲到了30歲以後，身邊就應該有一些朋友。其中包括小學時兩小無猜的玩伴，初中和高中時期的同學，大學的同學和學長、學弟們。這些人聚集一堂的第一個場合便是婚禮。婚禮結束後，看著新郎、新娘和朋友們一起熱熱鬧鬧地拍照的樣子，我們也許會在心裡既期待又擔心：「我的婚禮上也會來這麼多朋友嗎？」

其實，30歲的朋友關係不如想像中那麼簡單。走入社會之後，如果彼此不是志同道合，新建立的朋友關係很難像小時候的朋友那樣親近；跟老朋友相處的時候，也不再像以前那樣無話不談。

我們經常能夠聽到這樣的牢騷：「他要是沒打電話給我，那準是談戀愛了。等到分手了，又每天晚上給我打電話。你不知道有多煩人，眞是太可惡了，總是遇到麻煩之後才會想到找我！」

但是知道這一切以後又能如何？朋友本來就是這樣的。所以，印第安人有這麼一句俗語：「朋友是幫我分擔悲傷、一起前進的人。」

在人生的不同階段，朋友的涵義有所不同。青春期的時候，朋友的存在非常重要，與好友之間往往就像雙胞胎一樣形影不離。這個時期是脫離父母獲得心理上的獨立、初次接觸社會的重要時期，在確立自我認同感時，朋友是能夠帶來最大力量的存在。到了二十多歲時，朋友仍然很重要。這時的朋友與自己一起玩樂，一起喝酒，一起經歷世事，一起討論世道，是共同學習人生志同道合的「同志」。

然而，到了30歲以後，花費在朋友身上的精力就會分配到其他地方。因爲結婚成家或工作繁忙，會逐漸怠慢朋友，和朋友的見面次數也會減少。聯繫少了，自然就會造成誤會，朋友會認爲：「這小子，出人頭地了就看不起我了！」因此，到了30歲，有必要在維持朋友關係上多花點心思。

朋友之間應該透過定期的見面互通消息；如果朋友遇到困難，應該在第一時間趕到他的身邊。友情是依靠彼此的努力培養起來的，它不像愛情是一種不可抗拒的火熱的情感，你必須先將對方視爲好友看待，對方才會把你當作好朋友。當你感到痛苦的時候，如果身邊沒有任何朋友陪伴，是一件非常可悲的事情。

我們沒有必要擔心朋友少。只要有一位欣賞眞實的你、眞正相信你的朋友，就足夠了。當你遇到困難的時候，是否有朋友眞正關心你？當你深陷悲傷的時候，是否有一兩個朋友拉著你的手，陪你一起流淚？如果有，你的人生就是精彩的。

想一想誰是最可靠的朋友，對他／她傾吐一些你的心聲。

給久未謀面的朋友、同學打個電話、發簡訊或者寫封郵件，重新建立你們的友誼。

21 面對愛情，請不要輕言放棄

遵守約定是一種愛，這就是人。要相愛多久？我們曾經承諾不管是歡樂，還是痛苦，不管是健康，還是疾病，會一直愛你到永遠。這是一種完整的無條件的愛。絕對不是想愛的時候去愛，或只是心情好的時候去愛。

還有什麼比愛情更讓人難以把握的呢？對任何人來說，愛都很難，對30歲的人來說更是如此。三十幾歲的人大部分都經歷過一兩次愛情，耳聞目睹的事情多了，對愛情多少會表現出一種冷嘲熱諷的態度。他們認爲愛得死去活來是一件愚蠢的事，即便與某人陷入愛河，也不會因此就改變命運。而且他們認爲人生很難遇見一個情投意合的人。即便遇見了，也很難確信對方就是所謂的命中注定的人，心中猶豫不決，還爲了爭奪主導權讓彼此身心俱疲。他們既要面對無法掌控的愛情，還要考慮結婚成家，由此帶來的煩惱會比以前多出一倍。

所以，他們有時索性任愛情關係自然發展。但是，還有什麼比愛情更需要去努力學習的呢？愛情不像騎自行車，並不是只要學會了就能永遠得心應手。

還記得第一次學自行車的時候嗎？我們搖搖晃晃地騎上自行車，不斷地連人帶車一起摔倒，然後又重新站起來。原本以爲很快就能夠學會，但是似乎並沒有想像中那麼簡單。膝蓋磨破了，手臂上也出現了瘀青，心裡還懊惱自己老是摔倒，有時實在忍不住哭出來。但是，只要過了這一關，你就能夠學會騎車。而且令人驚奇的是，就算隔幾年再去騎，你也一樣能夠騎得很好。

但是，愛情是完全不同的兩個人相識之後共同經營出來的。曾經有過戀愛經驗，並不能保證下次就能遇到美滿的愛情。愛情經常不盡如人意。我們有時連自己都無法控制，更何況是依賴兩個人的情感碰撞而產生的愛情呢？因此，如果想把愛情好好地經營下去，必須爲瞭解自己和對方而付出更多努力。

另一方面，學會如何去愛也很重要。愛是我們能夠體驗到的情感中最爲強烈的一種。所以，有時兩個人的欲望會像失控的火車一樣互相衝突，有時因爲渴望親密無間、不分你我而失去彼此的警戒線。所以愛情是危險的，被欲望俘獲的愛情想要佔有一切，失去警戒線的愛情想要破壞一切。因此，雖然給人們帶來最大幸福的是愛情，但造成最大不幸和傷害的同樣也是愛情。

人們通常只是想單純地享受愛情本身，並不會想到學習如何經營愛情。於是，在某個瞬間，愛情就會落入困境苦苦掙扎。而且我們總是會喜歡同一類型的人，反覆犯同樣的失誤。

因此，如果想要守護自己珍惜的人，那請不要忘記一點，只有你用心去經營愛，才會擁有眞愛。

也許相愛就是一輩子學著如何去愛的過程。從一日不見如隔三秋的熱情、體會愛情的狂喜，到慢慢對對方感到失望、逐漸覺得對方可惡而互相鬥嘴，有時也會互相傷害。但是，彼此的愛，會讓兩個人重新走到一起，相互和解，相互原諒，並學著如何去愛。這所有的過程就是我們相愛的歷史。因此，雖然相愛是一件非常美好的事，但是想要守護愛情，就必須付出許多努力，同時還必須對愛情有一個非常深刻的瞭解。當然，在相愛的過程中肯定會有感到厭倦的時候。但是，請不要因此而輕易放棄愛情。因爲當你感到絕望或遭受挫折的時候，眞正能夠安慰你的便是愛情。然而，如果你仍然因爲愛情不如意而感到懊惱，感到相愛很難、很痛苦，甚至想要放棄，那麼就請暗自問一問自己：「我眞的愛自己嗎？」

這是因爲，想要愛別人，首先必須懂得愛自己。如果不懂得愛自己，那麼愛他人的能力也會大打折扣。如果你不能坦然面對自己的弱點或自卑感，就會把這些情緒投射到戀人身上，不斷地懷疑對方，想方設法地去確認對方的愛；有時還會透過做出一些自暴自棄的行爲，證明自己注定得不到他人的愛。因此，如果想要擁有一份幸福的愛情，那麼首先就應該懂得珍惜自己、愛自己，一切愛情都以接受並且愛自己的心態爲前提。

如果你想要放棄愛情，那麼就請愼重地考慮一下。愛與被愛是對一個人的最大祝福。即便是在打算放棄的瞬間，你同樣還是在渴望愛情，也許你放棄只是因爲對方愛你的方式並不爲你所接受而已。因此，選擇放棄之前，請試著更多地去學習如何相愛。這樣一來，你會感覺到隨著你的成長，愛情也在隨之成熟，總有一天你將體會到世界上最溫暖的快樂。

當你對愛人感到不滿意時，請不要忍氣吞聲，眞誠地告訴對方你的不滿，這樣能讓你們加深對彼此的瞭解。

省視自己在愛情中所獲得的和所付出的，爲所獲得的而感激對方，爲所付出的而善待自己。

22 相愛當然是好，不愛也並不奇怪

緣分這東西，強求不得。無論你多麼熱切盼望，也無法讓它早日出現；無論你多麼想讓它盡快離開，也無法實現。此時此刻正有人從遠方朝你走來，他會走到你身邊，希望你給他端一碗水喝。

愛情是自私的。這是因爲我們都是爲了尋找自己的存在價値和幸福，即爲了自己的命運，才會迫切地希望有個人陪在自己身邊。然而，有時我們卻忽視了對方和自己是兩個不同的人。所以，在相愛的過程中，彼此的欲望會互相摩擦碰撞，有時會產生矛盾，有時還會互相傷害。儘管如此，相愛總比不愛好。

兩個相愛的人會爲了心愛的人努力調整自己的欲望，學著相互妥協、相互關心，以及用心接受對方。遇見一個即使看到了你幼稚無比的一面卻依然接受你、愛你的人，是人生最大的幸運之一。因此，愛情可以成爲一種力量，治癒我們過去的傷痕，使我們得到成長。

愛情還能夠治癒人類最致命的疾病——孤獨。擁有一個不管面對任何情況都不會拋棄你的人，將會使我們在這個充滿困苦的世界上堅強地生存下去，對未來充滿希望。

如果你覺得現在只要一心工作就很幸福，那麼暫時把愛情放在一邊也無妨。在我們的生命中享受幸福的方法有很多種，你大可不必爲遲遲未到的愛情感到不安，也沒有必要懷疑自己是愛情無能者。只要你已經做好一旦機會來臨就隨時投入愛河的準備，就不需要對此感到焦急或不安。

因此，現在你沒有愛上一個人絕對不是一件奇怪的事。即使你已經下定決心再也不要去愛，也無法斷言愛情不會再來找你。

如果你身邊暫時沒有相愛的對象，計畫一下短期的旅遊，放鬆自己的身心，敞開胸懷準備感受別人對你的關心與照顧。

如果有人跟你說：「你該有對象了」或者「你趕快結婚吧」，那麼你就微笑著告訴他（她）：「時候未到呢，時候到了老天爺會賜給我的。」

23 誰都會有負面情緒

害怕有什麼不好？如果人類不知道害怕，早就滅絕了。害怕使我們遠離危險。憤怒有什麼不好？如果我們不懂得憤怒，我們就不能守住自己的底線，不能明確表達自己的意見。

可能你的內心很容易產生一些連自己都不願意承認的壞想法，但這並不證明你就是一個壞人。可事實上，很多人如果感到自己的內心產生了憤怒、厭惡和嫉妒等情感，就會立刻認爲自己是個壞人，並對此耿耿於懷。因此，我們會盡量壓抑這種情感。在壓抑的過程中，這些情感就會錯過得到中和或昇華的機會，漸漸化膿腐敗。

所有種類的情感都是正常的，過度的、極端的情感才會有問題。當感覺自己對朋友心存嫉妒的時候，大部分人都會產生一種愧疚感，認爲「自己難道就那麼點肚量？」然而，心生嫉妒並不會讓自己變得一無是處。只有當你無法控制這份嫉妒而對朋友造成傷害，或者完全壓抑這份嫉妒、自責自己是一個壞人的時候，才會使自己變得一無是處。

如果你正在嫉妒朋友，那麼你只需要承認自己也是一個容易陷入誘惑的人就可以了。你可以將這種嫉妒心理昇華爲善意的競爭，使其朝著對彼此有益的方向發展。這樣一來，你不僅能夠控制自己的情感，而且也能夠承認並接受他人的負面情緒。

生氣的時候也是一樣。人們一般認爲，發火會讓人處在失控的狀態，害怕會因此而帶來可怕的危機。尤其是那些總是強忍住火氣的人，通常是因爲這種恐懼很強烈的緣故。然而，如果壓抑火氣，有可能發展成疾病啃噬自己，或者突然間爆發。相反，坦然承認自己正在氣頭上，就可以去思考問題所在，努力尋求適當的消氣方法。如果因爲遭遇不合理的遭遇而發火，並且確定你的想法是正確的，那麼透過做出恰當的應對，可以及時保護自己不再受到傷害，而且還可以讓對方瞭解自己對這種事情的態度，能夠讓對方以後對你更加小心注意，防止對方再次讓你生氣。

所以，我們不必對負面情緒懷有恐懼心理，而要懂得分析這份情感是從何產生的，又將帶來怎樣的結果。任何情感都會隨著時間的流逝自然變淡，然而越是將之壓抑，會變得越強烈。如果你感到不安，就應該試著讓這份不安像溪水一樣自然流走。感到不安沒什麼大不了。任憑負面情緒像風一樣從你身邊掠過，那麼這份情感就會漸漸得到緩和。

然而，這並不是表示你應該把極端的情感全都釋放出來。如果不管任何時候任由情感全都爆發出來，不但不能釋放負面情緒，反而情緒變得更加激動，甚至出現血壓上升、發抖等身體症狀。我們的身心也會處於亢奮狀態，很難得到平復。因此，將情感全都釋放出來，一點好處都沒有。

情感具有擴散、傳染的特性。所以，當心情好的時候，就會接連想起過去很開心、很幸福的事，而心情憂鬱、生氣的時候，就只會不斷浮現過去令人感到委屈生氣的事，最終使自己火冒三丈。

因此，當你產生了生氣、憂鬱或嫉妒等負面情緒時，就不應該太久地停留在這種情緒當中，必須盡快理清並擺脫它。

今後，如果出現負面情緒，你可以這樣想：

「嗯，這次我是可以忍得住的，如果這次能控制住自己不發火，我就應該好好獎勵自己。」

這樣對自己說完之後，你還要完整地體會這份情感。掌控自己的情感是應對負面情緒的最佳途徑。不管任何情感，只要努力平復情緒，讓它有喘息的機會，瞭解它如何在自己的內心發生變化，就能夠隨心所欲地加以控制。如果你擁有正確掌控駕馭負面情緒的能力，就能夠享受更加精彩的人生。

當你克制住自己的負面情緒時，獎勵自己。

告訴自己：「恐懼和害怕並不丟人，沒有恐懼也就無所謂勇敢。」
看一看「綠巨人」的漫畫或者電影，想一想憤怒可以帶來什麼力量與什麼危害。

24 生氣的時候從1數到5再開口

任何人都會生氣。生氣是一件經常發生的事。然而選擇正確的對象，掌握恰當的分寸，抓住正確的時機，出於合理的目的，運用適當的方式，這種「完美的」生氣卻不是一件容易的事。

有一天，一位前輩問我：「我兒子會不會有什麼問題？」

聽完事情的始末，我發現前輩的大兒子屬於平時不太發火，但是火氣一旦上來就會暴跳如雷的那種人。而且，每次他都遷怒於完全無辜的家人，搞得全家雞犬不寧。在職場上，他是公認的「好好先生」，但是在家裡，他是一個「粗暴的兒子」。前輩認爲他兒子的這些問題很嚴重，但是我笑著跟他說：「依我看，你大兒子一點問題也沒有。我到了現在這個年紀，還不能控制好自己的情緒呢。」

控制火氣不是一件容易的事。太壓抑火氣會導致身體上的不適，而火氣太大也會引出一些麻煩。所以我們經常會說，火氣大時控制好情緒，才能夠眞正戰勝自己。

1 生氣的時候請先數數

人在情緒激動時可能會說出不顧後果的話，事後百分之百會感到後悔。要知道有些話，在說出來之前我們還是它們的主人，但一說出來，我們就成了它們的奴隸。因此，當火氣上來的時候，請在心裡面從1數到5。數數的過程中，情緒會稍稍得到平復，你也會重新找回因憤怒而喪失的理性。這樣一來，就能防止事後感到後悔的情況了。

2 不要把自己的標準強加於人

生氣是一件常有的事，因爲這個世界上會讓你看不順眼的人實在太多。每個人都按照自己的標準來控制自己的一言一行，並認定這是正確的。因此，他們一方面努力想要去理解他人，但是另一方面，如果發現別人與自己的標準不相符，就會因爲不滿而生氣。這個時候，你應該提醒自己：每個人都有自己的標準，有些時候一些不能令你滿意的東西並不意味著就是錯的，任何人的標準都不是百分之百的正確和公正。因此，我們不能將自己的標準強行使用於他人。

3 你是不是因為害怕才生氣？

人們常常想隱藏自己軟弱的一面。因此，當感到自卑或羞恥的時候，爲了掩飾這種情感，就會生氣。這種現象在男人身上尤其常見。男人很多時候都無法確切把握自己的情感，當他們遭受到巨大的傷害、擔心自己被拒絕或者感覺很沒面子的時候，都會認爲某些地方出了錯，從而產生恐懼感。爲了掩飾這份恐懼，他們會火冒三丈，攻擊他人。因此，生氣的時候應該首先確定自己是眞的生氣，還是被其他隱藏的情感操縱。

4 不要在生氣時做出重要決定

俗話說：「忍一時風平浪靜，退一步海闊天空。」生氣會使理性受到痲痹，失去對現實的眞實感覺和判斷力。所以，有的人會一氣之下選擇離婚，或一氣之下犯下罪惡。因此，如果必須要做出重要的決定，那麼最好能夠在火氣平息、理性恢復之後再考慮，不要在生氣的狀態下做出重要的承諾和約定。

5如果實在忍不住想生氣，請保持沉默

如果使用以上所有方法都無法平息火氣，那麼就請暫時保持安靜，不要採取任何行動，也不要發表任何言語。火氣會帶來更多的火氣。如果你忍不住發火，對方同樣也會壓不住火氣，於是火氣就會越來越大。因此，當你眞的火冒三丈的時候，乾脆就保持沉默，等到都消氣了之後，再仔細追究錯在哪裡。

6不要因生氣惡語傷人

生氣的時候很容易產生誤解，認爲對方是在故意傷害自己。然而，這種情況幾乎是不存在的，對方往往只是出於自私或想得不周全而已。如果對方是和自己不相干的人，那麼更沒有必要生氣。生氣意味著你還是多少在乎對方，因此，無論是多麼讓你氣憤，也不要說一些傷害感情的話。譬如，千萬不要觸碰對方最致命的弱點或者揭露讓對方覺得很沒面子的事情。你應該冷靜地想一想對方爲什麼會令你生氣，然後用平和的語氣告訴對方生氣的理由。不管你有多生氣，千萬要記住，世界上最寶貴的就是人。

長壽的秘訣就是不生氣。每當要生氣時，先考慮生氣無益健康。生氣會令皮膚長出色斑，引起胃潰瘍，加快腦細胞衰老、傷肝、引發甲狀腺亢進……等等。

每當要生氣的時候，試著對自己說：「不要拿別人的錯誤折磨自己。」

25 謊言、眞實與坦誠

孩子們到了一定年齡，也要有祕密，越是長大，就越需要擁有祕密。如果不經歷成長的煩惱，默默的探索和自責，任何人都不可能變得成熟。無論是誰，為了整理自己的思緒都需要擁有祕密。可以根據一個人守護祕密和公開祕密的特性測定他的成熟度和個人的自由程度。

有一個女人，她的丈夫是一位大學教授。一天，丈夫出差不在家，恰好丈夫的一位學生來家裡拜訪。等待丈夫回家的時候，天空電閃雷鳴，下起了傾盆大雨。丈夫打來電話說因爲下雨自己今天就不回家了，學生也因爲下雨而無法出門。無奈，她只好和丈夫的學生一起坐在客廳裡，開始聊起天來。兩人一直聊到深夜，說了許多心裡話，最後覺得累了，就靜靜地傾聽外面沙沙的雨聲。深夜的雨滴聲讓人陶醉，拉近了兩顆年輕的心，他們不知不覺間有了非分之情。

清晨，從睡夢中醒來的學生慌忙起身離開，感到內疚的妻子向回到家的丈夫坦白了這件事。丈夫雖然痛恨妻子的背叛，但是看在妻子平時貞潔賢慧，他認爲這只是一時的失誤，所以決定原諒她。

然而，幾個月之後，妻子突然收拾好行李，決定離開這個家。教授問道：「我都已經原諒你了，爲什麼還要離開呢？」

妻子神情平靜地回答：「我選擇離開是爲了你。你雖然原諒了我，但是每天晚上睡覺的時候，只要我的身體一碰到你，你就會被嚇到，然後馬上避開。你是不得不原諒我，其實內心裡充滿了痛苦。我再也看不下去了，我不想讓你再折磨自己，所以我決定離開這個家。」

這是我在某個聚會上從一個前輩那裡聽到的一部日本小說中的情節。妻子應該向丈夫坦白這個事實嗎？還是應該一輩子守護這個祕密？對於這一點，我們都一致認爲，妻子應該永遠把這個祕密埋在心裡。

也許有人會譴責說這是欺騙丈夫的行爲。當然，這的確是一種欺騙，但如果妻子眞的愛她的丈夫、不想去傷害丈夫的話，那就不該把眞相告訴他。妻子也許想說出眞相後接受懲罰，不再因欺騙丈夫而感到內疚。然而，當丈夫知道妻子對自己不貞的行爲之後，丈夫受傷的心靈久久無法癒合，日子再也不會像從前一樣那麼自然和平靜。假如不想失去丈夫，不想破壞家庭和睦，還是不該讓丈夫知道妻子的背叛行爲。

我們經常會說謊。有的時候是故意的，有的時候是爲了息事寧人，有的時候是爲了引起注意，也有的時候是爲了守護對方的利益。謊言並不一定都是不好的。而且，坦誠也並不一定都是好的。那麼，應該坦誠到什麼程度呢？究竟什麼時候需要謊言呢？

有的患者堅稱自己絕對不說謊，視自己的坦率爲最大的自豪。然而，因爲他過於坦率，經常會傷害到其他人。譬如，當某個人讚揚同事說「上次發表的專案內容很不錯呀」時，他就會當場潑冷水：「可是他說話結結巴巴的，顯得很沒自信。PowerPoint的顏色也太濃了。」

全然不顧他人感受的坦率會帶來比謊言更嚴重的後果。毫無掩飾的坦率有時會成爲傷害他人或伺機報復的武器。喜歡炫耀自己爲人坦率的人，往往很少提及他人的好事，更喜歡揭露他人不愉快的事，於是只有在指責他人的錯誤或缺點時才表現出坦率的一面。當然，承認自己的錯誤時表現出坦率，肯定是意義不凡，但是，在評價他人的行爲或工作時，要表現出對他人的關懷和體諒，過分「坦率」反而會傷害人。

盡量不要說謊

有的時候，我們不可避免地需要說一些善意的謊言，即無中生有的謊言。這時，謊言可以使人際關係變得更爲融洽。善意的謊言可以防止對方受到傷害，安然度過危機狀況。

有的事情，該隱瞞的時候還是應該適當地隱瞞。如果大家在任何狀況下都堅持直言不諱，那我們將無法克制彼此危險的欲望，欲望就會肆意爆發。這樣一來，整個世界都將充滿混亂和矛盾。

馬克・吐溫曾經說過：「我們誰也無法跟只說眞話的人一起生活。我們應該由於不需要一直說眞話而感到慶幸。」哲學家尼采也強調過謊言的必要性，他說：「生存不能缺少謊言這個事實，反映了人生殘忍的一面。」

然而，如果總是用善意的謊言來迎合對方的心情，很容易停留在表面的關係上。善意的謊言嚴格來說終究還是謊言。因此，如果想要擺脫這種進退兩難的境遇，就要時刻保持警惕，盡量不要讓自己陷入不得不說謊的境地。

謊言會使長期積累的信任在瞬間消失殆盡。就像「狼來了」的故事所表明的那樣，如果反覆說謊，那麼人們就不會再相信他的任何話。因此，當他說眞話的時候，人們也會對他不理不睬。更不幸的是，重新恢復信任通常需要好幾年的時間，即使費盡心思再度建立信任關係，也不會像從前那麼堅固了。任何人發現自己被欺騙以後，心裡都會感到非常憤怒。他們會認爲對方完全不尊重自己，不在乎自己，把自己當成傻瓜。當人感到這些被人愚弄的感覺時，甚至會引發報復和怨恨的情感。因此，如果你不得不欺騙某個人，那麼最好盡量在最短的時間內結束謊言，因爲說謊的時間越長，對方受到的傷害就會越大。所以，最好的辦法還是盡量不要說謊。

建造一個存放祕密的心靈花園

我們生活在兩個世界裡，一個是身處其中的現實世界，另一個是存在於內心的「心理現實」。心理現實是我們在探索生活經歷時形成的。因此，即便每個人經歷完全相同的事情，記憶中留下的印象也會各不相同。

心理現實中有一個存放祕密的空間，一個不願意展現在任何人面前的只屬於自己的空間。在這個空間裡，我們會見到一個任何人都不認識的，只有自己才認識的「我」。我們的記憶常常會停留在讓自己產生特別感覺的某一時刻。這可能是非常特殊的，想要永遠保存在自己心裡的一個瞬間；也可能是對任何人都難以啓齒，但對自己有著特殊意義的祕密。停留在這個祕密的空間，如同無意當中發現剛要盛開的花蕾，能夠體會到窺探絕對祕密的驚奇和喜悅。

因此，請建造一個任何人都無法接近的、只屬於自己的祕密空間。它就像只屬於你自己的美麗而祕密的心靈花園。在這個祕密的空間裡，存在著只有你自己知道的最眞實的一面。

這個空間能夠記住並保存你的祕密，可以讓你知道自己原本是一個怎樣的人，究竟想要什麼、喜歡什麼。這個祕密的空間又是一個舒適的休憩處，可以讓疲憊不堪的你重拾笑容，找回生存下去的理由和意義。

正因爲如此，那些珍藏著美麗祕密的人會渾身充滿活力，懂得全身心地投入到生活中去。因此，請建造一個只屬於自己的存放祕密的心靈花園，它可以讓你暫時忘卻傷口，獲得安慰。

當坦率會帶來傷害時，先想一想是不是謊言帶來的傷害會比較小。

當說謊會帶來好處時，先想一想這好處能不能抵得過一旦謊言被拆穿而帶來的壞處。

即使你不得不爲了人際關係的和諧而說謊，也要確保自己善待他人的心是眞誠的。

26 愛情不會讓我們成爲心理治療師

生活肯定會有坎坷和波折。雖然我們不能為心愛的人解決所有的問題，但是可以一直伴隨在他身邊。因此以長遠的眼光來看的話，這難道不正是最熱烈的一種表達愛情的方式嗎？

每個人都曾做過這樣的夢：幻想自己是一個帥氣的王子，把灰頭土臉的灰姑娘從骯髒的廚房裡解救出來，讓她變成美麗的公主；或者幻想自己是一位善良美麗的姑娘，透過至高至純的愛，使變成怪物的王子恢復原來的樣子。心理學上把這樣的想法稱之爲「解救幻想」。

解救幻想與期待有人能夠將自己從痛苦的現實中拯救出來的願望有密切的關係，即透過解救他人來滿足自己想要獲得拯救的需求。尤其在相愛的人之間，出現解救幻想的比例比較高。這時雙方迫切想成爲對方心目中最重要的人，獲得對方的感謝和認可，所以很容易產生解救幻想。

然而請不要試圖去拯救或治癒你的愛人。如果你試圖去治癒對方，兩人的關係就會變成支配與被支配的關係。對方認爲自己正在被人掌控，因此心裡充滿憤怒。當兩個人發生矛盾時，情緒很容易失控，這時埋在心中的憤怒也會發作，因此兩人的矛盾會變得越來越嚴重，最終只會讓彼此都遍體鱗傷，以悲劇收場。

愛可以治癒傷痛，然而不要以爲你可以治癒你的愛人。你能爲他做的，只有愛和等待或者就勸他接受心理諮詢。只有無需回報的愛與耐心的等待，才能夠治癒你的愛人。

多說一些「我很理解你」「我想幫助你」「我相信你的能力」等溫馨的話。

你喜歡在家裡發揮領導作用嗎？你有沒有體會過被別人指點或命令時的感覺？那時你的心裡會高興嗎？如果你不喜歡總是被人命令著做這做那，那就請你在伴侶有困難的時候，盡可能多地表示關心和愛護，多提建設性意見，不要做袖手旁觀的抱怨者；如果你無能爲力，默默地守在伴侶的旁邊也有很大的幫助。

27 如何處理親密關係

你瞧，我們倆就像太陽與月亮，海洋與陸地。我們的目標，不是要進入對方的世界，而是相互認可。我們要懂得守護和尊重。

很小的時候，我一生病，媽媽就會通宵守護著我；我在外面受了欺負，哭著回家之後，哥哥、姐姐就會幫我出氣。媽媽只要看一眼我的臉，就知道我在學校裡遇到了什麼事情，老是擔心我有什麼事不敢向她開口。可是隨著年齡的增長，家裡人對我的關心變得很煩人，讓我感到很多餘。所以偶爾我也會有所反抗，並且盼望著早日獨立。不知不覺間歲月流逝，現在又臨近30歲，以前熱切期盼的獨立目標早已達到，可不知爲什麼最近突然感到十分孤獨，一直想念小時候大家聚在一起熱熱鬧鬧的場景。當然，現在在我孤獨的時候，也可以叫朋友出來見見面，可是誰也不會像小時候我的家人那樣，無條件地愛護我、照顧我了。所以在出去跟別人閒聊後，回來的時候反而感到更加孤獨。難道就沒有人能夠專心聽聽我說的話，分享一下我的心情，無條件地愛我嗎？這種關係現在就不復存在了嗎？大人之間，除了因彼此需要而來往以外，就不能有其他的關係嗎？這可不是我所期待的世界……

你是否因爲想到居然沒有人可以讓你敞開心扉說眞心話而不寒而慄呢？如果沒有這種感覺，說明你是個幸運兒。有親密無間的人相伴左右，是讓生活變得又溫暖又有意義的第一個條件。如果身邊已經有了眞正理解你、照顧你、牽掛你的人，還有什麼好擔心的呢？

如果你與別人能夠形成並維持親密的關係，那麼你的生活將不再孤獨，並會收穫更多健康與快樂；同時，在工作中你也能發揮出百分百的實力，成功的機率也會因此而提高。這是因爲懂得與他人維持親密關係的人，比一般人患上精神疾病的機率小，事故發生率、死亡率以及生病的比例也相對較低。

可是，有些人雖然希望與他人能親近一些，同時卻又害怕親近。他們爲什麼不能爽快地與他人親近呢？在害怕的同時，他們爲什麼還要訴苦，說自己身邊沒有可以親近的人呢？

親近別人可能比遭受拒絕更可怕

我給病人進行精神分析治療時，有時候會因爲遇到能對我敞開心扉的患者而感到欣慰。不過，偶爾也會有突然向我發火的患者，還有些患者預約好看病時間後故意不來或遲到。仔細一想，其實他們是對人與人之間的親密關係有著恐懼感。

特別是自我警惕性較弱的那些人，十分害怕對方突破界限侵犯到他們的領地來。這些人懼怕與人親近以後，會失去自我或者受到對方的控制。還有一些人覺得自己很壞、很醜、很骯髒，擔心對方發現自己的眞實面目之後會很失望並離開自己，所以也不敢與人親近。

這些人都需要一個安全距離。等雙方靠近到某種程度時，他們就拒絕繼續親近。當別人試圖越過界限時，他們就會十分警覺，與人見面時也顯得十分緊張，採取防禦性姿態。對這些人來說，即使所謂的「朋友」很多，也都是一些泛泛之交，幾乎沒有能夠互相吐露心聲的摯友。

不要強迫親近的人追隨你的意見

很多人會以「親近」的理由，無意識地給對方造成傷害。當這些人認爲雙方已經變得很親近時，就恨不得連對方家裡有幾根湯匙也要知道。如果對方沒結婚，就要知道爲什麼沒結婚；如果沒生孩子，就要問爲什麼不生孩子……總之是要打破砂鍋問到底，不管對方的眞實感受，只想表現自己的「熱心腸」。如果對方故意迴避，或表露厭煩的神色，他們就難以接受，覺得對方很難相處，並認爲對方故意冷落一番好心，感到很委屈。此外，如果對方還藏著一些不願意讓他人知道的祕密，或表示厭惡，這些人就會覺得「我們之間怎麼能這樣？」

並因此向對方大發雷霆。可這些分明都是藉著「親近」的名義而施行的暴力行爲，是一種把對方納入控制範圍、忽視對方自主權益的暴力行爲。

關係變得親近，不是兩個人合爲一體，而是互相認識到對方是一個不同於自己的個體，並尊重對方的感受、想法以及生活方式的過程。變得親近，其實是雙方用心對話的過程，是兩個不同的個體互相接受、互相愛惜與照顧的一種溝通方式的昇華。不管關係變得多麼親近，也不能強迫對方按照自己的方式行事。

想親近對方，就要做好受傷的準備

變得親密，就是向對方敞開自我的一種方式。在這一變化過程中，人們一般會期待對方能夠無條件地完全理解和接受自己。但這不過是一種錯覺罷了。想得到別人的理解，必須首先向對方傳達自己的想法與感受。

在說出自己的想法之前，事先要做好受傷的心理準備。我們都希望對方能包容自己的缺點，但事實上這不是一件容易的事。因爲有時候雙方的想法與價値觀會有巨大差距，有時候各自的願望也會天差地別，這些不同就可能導致互相之間的不滿，最後雙方都可能會受到傷害。

可是如果因爲害怕受傷而避免與對方坦誠相待，雙方就只能維持表面關係。如果要使關係得到進一步發展，心裡必須先做好受傷的準備，然後先主動敞開心靈，向對方吐露眞心話。心靈的窗戶只有隨時敞開，眞誠對待，才能尋覓到知心的朋友。我們務必要相信，在親近的過程中產生的大大小小的傷口，最終一定會癒合。

親密關係不是一成不變的關係

種花的時候，如果按時澆水，精心呵護，那麼它就會長出翠綠色的葉子，綻放出美麗的花朵。可如果任其自生自滅的話，花就會逐漸枯死。人與人之間的關係也一樣。兩人的關係不管有多麼親近、多麼牢固，也不會是一成不變的。有時，我們因爲關係親密，無意中還會說出一些不該說的話，給對方造成致命的傷害。我們要知道好感一不留神就會變成厭惡和怨恨。

一定要記住，在你自認爲雙方已經變得很親密的那一刻，其實只是雙方關係的開始，而不是結束。關係也要像種植果樹一樣耐心培育，才能讓它開花結果。雙方的關係越親密，就越應該保持禮貌，遵守約定，傾注愛心精心呵護這份感情。在這顆孤獨的星球上，人與人的親密無間的關係就是上天賜予我們的寶貴財富。

當想要詢問別人隱私方面的問題時，先別急著開口，設身處地地想一想：「我是不是也有不想告訴別人的隱私？如果別人也問我這個問題，我是不是也很反感？」

當你特別想知道另一個人的事情的時候，趕緊找點其他的事轉移注意力，因爲你現在的狀況很可能會破壞你們原本建立的親密關係。

28 怎樣表達自己的情感？

不管什麼話，反覆一萬次就會變成事實。你現在是不是總是喜歡說「我快瘋掉了。」「氣死我了。」「煩死了。」反覆說出口的無心之言正讓你的人生朝著那個方向發展。

恩美在和男朋友打電話，她又生氣了。

「啊——煩死了。我煩死了！」

男朋友顯得有些不知所措，問恩美爲什麼突然這樣？

恩美提高了嗓門說道：「你眞不知道？眞是煩透了！」

男朋友聽完這句話，終於爆發了：「我不是告訴過你，不要再說『煩死了』嗎？現在只要一聽到這句話，我就忍不住生氣。爲什麼心煩？難道我做錯什麼了嗎？說出來才能夠解決問題，不是嗎？我也很煩，掛電話了。」

啪嗒！男朋友掛斷電話的聲音就像是冰塊碎裂的聲音。其實，恩美很想跟男朋友見面。

她一直期待男朋友提議兩人見個面，然而男朋友說週末會很忙，可能不能約會。一聽到這話，恩美就感到很失望。她很想見男朋友，但是男朋友卻不懂她的心思，而且好像也不怎麼想見她。恩美覺得男朋友對她很冷淡，爲此她心裡感到很不是滋味，自尊心也大大受損。

由於男朋友漠不關心的態度，恩美的心裡很不是滋味。恩美感到胸口的正中央像發生了地震一樣，一股莫名的氣流傳遍全身，又好像有什麼東西從頭部後面開始一直爬到頭頂，渾身發癢，很不舒服。結果，恩美一接到電話就順口說了一句「煩死了」。男朋友不喜歡恩美總是說這種灰心喪氣的話，之前反覆制止恩美不要再說。其實，恩美剛剛說出口就覺得有些不妙，心裡也很懊悔。

「我想說的並不是這個，我只是想說哪怕匆匆見上一面也行。我想要說的是，我去他們公司附近，跟他見個面……可是，我爲什麼又說了男朋友不喜歡聽的話了呢？」

恩美的媽媽非常討厭感情外露，所以她小時候如果哭著喊著耍賴，媽媽就會馬上教訓她或者乾脆置之不理。結果，當恩美感覺體內有某種氣流湧上來時，她卻不明白這究竟是什麼。當她感覺不舒服但又不確定其原因的時候，就會變得心情煩躁和神經質。

你知道情感也會像個子一樣長高這個事實嗎？情感會在與他人的溝通中不斷細分，這時父母的共感和理解至關重要。媽媽常常一邊看著孩子的眼睛，一邊告訴孩子說：「寶貝，你哥哥不想跟你玩，所以你生氣了。」「寶貝，因爲只給哥哥買自行車，所以你嫉妒了。」那麼孩子就會理解自己的情感，意識到「啊，原來這就是生氣啊」「原來這就是嫉妒啊」。他們會體驗憤怒、嫉妒、恐懼、悲傷、高興、驚訝、新奇等豐富的情感，並且明白它們都共存於自己的內心。

英國著名精神分析學家拜昂（Wilfred Bion, 1897-1979）將其命名爲「阿爾法功能」。孩子透過和母親的交流，自然而然地瞭解自己擁有的許多情感。當孩子瞭解各種情感的存在以後，他在面對任何情感時便都不會感到害怕。

然而，由於媽媽從小就迴避恩美的情感，從而壓抑了她的情感發展。結果，恩美長大之後不能很好地區分什麼是憂鬱、什麼是不安、什麼是難過。因此，她無法確切地理解內心體會到的情感，一旦產生不快的負面情緒，就會害怕得不知所措。每當這時，她只會說「煩死了」。

表達情感的時候最重要的一點就是必須坦白。爲此，必須很清楚地瞭解自己的情感。但是，令人遺憾的是，我們在成長的過程中一直被教導說「家醜不可外揚」「男兒有淚不輕彈」；一直以來我們被教導說極力克制和壓抑情感是一種美德。因此，能夠準確把握自我情感的人出奇地少也就不足爲奇了。

然而，如今社會提倡人們大膽地表達情感。但是只有準確地瞭解情感，才能盡情地把它表達出來，如果還沒有完全瞭解清楚，就想要表達，肯定就會出現問題。最大的問題是過度釋放情感。恩美反覆對男朋友說「煩死了」就是其中一個例子。這類情感的過度釋放會麻痹理性，使雙方的關係更加扭曲。

我們之所以表達情感，最終是爲了滿足自己希望獲得愛、獲得認可、獲得稱讚、獲得保護的需求。準確地瞭解了情感之後，還要爲了將這些情感準確地傳達給對方而掌握一些技巧。那麼，既能滿足自己的需求，又能包容對方的情感，使雙方關係更加融洽的情感表達方法有哪些呢？

首先，表達情感的時候，最好能使用「我覺得……」這種句式。譬如：「我覺得很難過，是因爲你沒有打電話給我」「我覺得很生氣，是因爲你沒有遵守約定」等等。如果以「我」作爲主語來組成句子，就能夠純粹地將「我」的感覺傳達給對方。但是，情緒很容易就會激動，人們往往會說「因爲你，我很難過」「因爲你，我很生氣」，這類話聽起來很像是在指責對方。於是，對方就會出於自我保護表示生氣或者畏縮，這必然進一步激化矛盾。因此，不管遇到什麼情況，都必須將自己的情感準確地傳遞給對方。

第二，情緒激動時，應盡量避免表達情感。情感有感染性，如果對方的心情好，那麼自己的心情也會變得很好；如果對方感覺很煩，那麼自己也會感覺很煩。因此，如果對方非常生氣，那麼你最好對他說：「如果你生氣，我也會跟著生氣。等我們冷靜下來之後再談吧。」

第三，對情感忠實，但不要太相信情感。爲什麼一方面說坦率地表達情感非常重要，一方面又說不要太相信它呢？因爲情感是內心發出來的信號，所以如果一直產生某種情感，就應該小心留意。情感從根本上遵循快樂的原則，它只追求一時的滿足，而缺乏對現實的考慮。因此，當情感變化劇烈的時候，如果盲目地跟著感覺走，就會產生自我認同感的混亂，也會影響人際關係。

因此，當你內心感覺到一種情感的時候，請深呼吸，靜下心來仔細想一想，那麼你就會發現它是屬於一時衝動的，還是今後也能夠對它負起責任的。只有這樣，才能夠防止因爲錯誤的情感表達而導致雙方都受到傷害。

多用「我覺得」和「我認爲」來表達自己的看法。

當發現自己因情感上的衝動而說錯話、做錯事時，勇敢地承認，坦誠地道歉。

29 草率的原諒只會毀了彼此

我終於明白了原諒別人不應該再要求其他。我只要原諒對方就能夠驅逐一切難纏的惡魔，重新創造新的生活。

在莎士比亞的四大悲劇中，《李爾王》是最具悲劇性的一部。劇中有一幕，李爾王向曾經被自己驅逐的三女兒寇蒂莉亞大聲請求原諒：「我求你，忘了吧！原諒我吧！我已經老了，而且愚蠢無比。」

「原諒我吧，忘了吧！」這句話我們也經常會說，也經常能聽到。但是，假如你最好的朋友搶走了你心愛的人，你會原諒他嗎？假如和你關係親近的親戚欺騙了你，讓你一夜之間破了產，你會原諒他嗎？假如陌生的強盜拿刀刺死了你的丈夫，你會原諒他嗎？如果有人讓你陷入痛苦的泥沼，無法再過平靜的生活，你會原諒他嗎？原諒別人絕不是一件容易的事。

允美就是一個活生生的例子。每次當她提到媽媽對自己的暴力行爲，都顯得非常痛苦。媽媽情緒變化劇烈，簡直到了病態的地步。有時媽媽覺得女兒可愛就會緊緊地擁抱她，抱得讓允美喘不過氣來；如果允美覺得難受想要從媽媽的懷抱中掙脫出來，媽媽就會突然臉色大變，一邊大聲罵她，說她不尊重媽媽，一邊還會大打出手。有時如果允美把飯吃得很乾淨，媽媽就會罵她像頭豬；可是如果允美剩下飯，媽媽又會狠狠地打她，罵她無視別人的誠意。

然而，最讓允美害怕的並不是打罵，她最怕的是媽媽會拋下她離開，所以每天她心裡都惶惶不安。

我覺得允美能和這樣的媽媽生活很久，既沒有尋死，也沒有發瘋，一直都默默地承受了下來，這本身就很不可思議。但是，因爲允美心裡創傷很深，治療並不是很順利。在接受治療的過程中，她不斷被噩夢折磨，對媽媽的憤怒、憐憫以及渴望等複雜的情感讓她心情久久無法平復，使她徬徨了很久。然而，透過治療，允美漸漸地消解了對媽媽的複雜情感，在她的臉上也漸漸出現了笑容。她意識到自己必須和媽媽分開住，於是決定離開家，開始一個人獨立生活。到後來，允美開始慢慢原諒媽媽了。

「現在我好像有點能理解媽媽了。有時，還覺得媽媽挺可憐的。但是，我不會再回到媽媽的身邊。因爲媽媽還沒有改變自己，她還是會傷害我。坦白地講，我還沒有信心抵抗。但是，現在開始我決定要原諒媽媽。只有這樣，我的內心才會變得平和。我不想再因爲對媽媽的埋怨和恐懼而繼續折磨自己。一直以來，我滿腦子都在想我和媽媽的事情，從來沒有關注過屬於我自己的生活。」

其實，我們每天都會受到大大小小的刺激，我們在適應各種刺激的過程中不斷向前邁進。如果過分糾結在憤怒的情緒當中，我們的人生也會停滯不前。相反，如果像允美那樣選擇原諒對方，那麼就能夠消解糾結在內心的負面情緒，放下這段經歷，重新出發。

然而，原諒需要一個準備的過程，至少應該等到憤怒和怨恨得到一定程度的平復以後才可以嘗試原諒。有時我們在還沒做好心理準備時就輕率地表示原諒，這就是所謂的「假裝原諒」。

假裝原諒的原因，首先是出於對遺棄的恐懼。具有嚴重自虐傾向的人擔心如果自己生氣會嚇走對方，因此草率地決定原諒對方，然後迎合對方的意見，遷就對方。另外，充滿道德優越感的人爲了表現自己能夠輕鬆地控制住憤怒的情緒，爲了證明自己比對方更具道德意識，也會馬上原諒對方，彷彿自己是一個聖人。除此之外，還有的是因爲頂不住周圍人的強烈要求，不得不表示原諒。

然而，假裝原諒對方，或許表面上能夠維持平穩的關係，但因爲內心的憤怒未能得到化解，所以會不斷地傷害對方，最終發展成一種相互傷害的病態關係。另外，借助這種方法依然化解不開的憤怒最終會轉向自己，成爲憂鬱症的根源。

如果我們想要原諒對方，但是氣還沒有消，然而繼續生氣又害怕關係會徹底破裂，這時應該怎麼辦呢？我們應該怎麼做，才能眞心地原諒那些對不起自己的人呢？

一般來說，我們會認爲原諒的目的是爲了他人。但是，這種想法是錯的，原諒的目的其實是爲了彼此，而且更重要的是爲了自己，是爲了使自己能夠擺脫積壓在內心深處的憤怒情緒，從而獲得心靈自由。因此，原諒就是指放開。即理解對方過去犯下的錯，放開這份記憶，接受對方的懺悔。在這個過程中，如果能夠更加深入理解對方，並原諒對方，就能夠建立起更加親密的關係。

然而，在傷害我們的人當中肯定也存在一些自己不可能會去愛的人。這種情況下的原諒爲的是盡快收回寶貴的精力，避免繼續爲了不值得付出的人浪費精力。我們要懂得果斷放開過去，使自己的內心不再因憤怒和憎惡動盪，重新找回平靜和穩定。

這時我們就需要一顆寬容的心，能夠承認和接受人生不可思議的一面和不合理的一面。但如果只是爲了原諒而原諒，缺乏深刻的理解，那麼很多時候情況就會變得更加糟糕。雖然嘴上說原諒對方，但其實心中的憤怒就像岩漿一樣奔騰翻湧。這樣我們就有可能不斷做出笑裡藏刀的行爲，慢慢地傷害彼此，毀滅彼此。

因此，如果你對某個人充滿了憤怒，那麼就請好好看清楚自己爲什麼而憤怒。如果內心的憤怒強烈到無法承受的地步，那麼就請深呼吸一下。然後，隨心所欲地想像如何去報復對方。找個朋友發洩憤怒也是一個很好的方法。如果感覺憤怒稍稍得到了緩和，就請再仔細想一想，假如你對他的憤怒情緒嚴重影響你的現在和未來，你還會爲了它甘心消磨時間和精力嗎？

報復既甜蜜又刺激，然而報復不僅會傷害對方，也會傷害自己。因此，從現在開始，不要再為了毫無價值的人憤怒，這只會傷害自己。然後，立刻收回花費在報復對象身上的精力，竭盡全力經營生活，幸福地生活下去，才是最好的報復。但是，如果你心裡還有怨恨，千萬不要輕率地表示原諒，輕率的原諒只會傷害彼此。

當你與某個人發生爭端時，想一想，他是不是自己應該去愛的人，他的出發點是不是善意的，再想一想自己和對方各犯了哪些錯誤。如果對方不值得和你繼續維持和睦的關係，用和解來擺脫對方。如果你不願意失去對方，就去深入地與對方交談，找出誤解和爭端產生的原因，互相原諒，互相理解。

30 不要給別人傷害你的機會

當人們結黨謾罵我的時候，我是這樣想的：你們罵我，不會給我造成任何損傷；你們稱讚我，也同樣不會使我變得偉大。因此隨你們的便吧。我將繼續我的生活，我不會因此而有所損傷或變得偉大。

當面對別人的責問時，有的人儘管自己沒有錯，還是會選擇道歉。他們極度不願意和他人對立，所以先急忙道歉，來避免發生摩擦。然後他們會安慰自己說，與其發表自己的主張，不如聽從他人的意見，那樣心裡會更加舒坦。

可俗話說得好，過猶不及。如果你一遇到矛盾就對對方說「這都怪我」「我錯了」，也許能夠暫時避免彼此爭得面紅耳赤的狀況，也許當時對方心裡會比較舒坦，但是這種只爲避免一時的尷尬狀況而放棄自尊心的選擇是一件非常愚蠢的事。你又沒有做錯事，爲什麼要貶低自己呢？爲什麼你懂得尊重他人，卻要把自己推進臭水溝呢？放棄自尊心會在你的心中留下傷口，長期折磨你。

能夠保護自己的，不是別人，正是你自己。因此，自己沒錯卻向人道歉是一種侮辱自己的行為。請不要隨便對待自己，不要再這樣做。當你遭到不合理的待遇時也是如此；當他人輕慢你的時候，不要委曲求全，你應該理直氣壯地對抗。如果你總是默默地承受，而不做出任何回應，那麼人們就會認為隨便對待你是一件理所當然的事，他們不會因此而感到內疚。因此有必要的話，請加以反擊。不要允許他人傷害自己。只有這樣，人們才會尊重你、禮遇你。

當你做了什麼事都反射性地想要道歉時，先深呼吸5次，然後再有理有據地說出自己的看法。

如果有人有意傷害了你，就大膽地制止他，說：「喂，你說什麼呢？請你考慮別人的感受好不好？」但是如果他是無意的，就婉轉地表達自己的想法吧。

31 沒有人會「讀心術」

人不斷在發生著變化，每天都不可能是同一個人。因此，我們不能隨便去判斷或審判他人。我們責難或判斷某個人就相當於用一個月之前或兩個月，甚至幾年前的已經無法使用的舊標準來衡量現在的這個人。誰也無法知道他的內心正發生著怎樣的變化。

「他喜歡我？還是討厭我？」「他跟我說這些話是出於什麼目的？」「他眞正想要跟我說的是什麼？」我們不時地會產生想要去解讀他人心思的衝動。假如能夠解讀他人的內心世界，那麼透過採取對方所希望的行爲，不僅能夠獲得對方的心，而且還能夠得到自己想要的東西，所以我們不斷地試圖解讀他人的內心。爲了達到這個目的，我們想牢牢抓住對方的表情或語氣的變化，只要捕捉到蛛絲馬跡，就會展開天馬行空的想像，編出各種「劇本」。「看他的眼珠子轉向左邊，現在肯定在跟我說謊」「看他臉紅紅的，而且坐立不安，肯定對我有意思」……

但是，請不要妄想解讀對方的心思，因爲你的猜測大部分都是錯的。例如，假設早上經過走廊的時候碰到了上司，而我很高興地跟他打了個招呼。上司的表情不太好，於是我就武斷地認爲上司表情不好就是因爲討厭我；但實際上是上司今天早上一來上班就從其他客戶管理部門接到專案進展出現問題的報告，所以心情非常沉重。像這樣在缺乏充分證據的情況下，單憑模糊瑣碎的線索便隨意判斷他人心思的思維謬誤，我們稱之爲「讀心術」。

人們經常會對於公諸於眾的行爲也要附加主觀見解任意加以解釋，更何況是誰也看不見摸不著的內心世界呢？而且，從別人身上解讀到的內容其實很多都是自己的想法。人都喜歡將自己的想法投射到別人身上，然後誤認爲別人也有和自己同樣的想法。

察言觀色的行爲會令對方緊張，使氣氛尷尬。沒有人會將重要的資訊或自己的心裡話說給不相信自己、懷疑自己的人聽。試想一下，誰會願意讓自己的眞心受到質疑呢？

因此，請不要試圖解讀他人的內心。你只須全神貫注地傾聽對方的講話內容就可以。也就是說，要努力進行換位思考，盡量去理解這些話語包含的意義和情感，並且相信這些都是眞實的。雖然有時會被騙，但是相信對方的話語顯得非常重要，畢竟沒有人會喜歡輕率地猜測他人內心世界的人。

趕快把你該做的每一件事情做好，讓自己自信起來，這樣你就會發現你根本沒有多餘的時間去揣度對方的心思。如果有人眞的會對你有看法，那就隨他去吧，也許明天他就會改變自己的看法，不再埋怨你。

32 批評應該對事不對人

請獎勵那些對你說忠言逆耳的人，這將會是你所有投資中最英明的投資。

現在的年輕人無法忍受被批評，甚至無法忍受由於自己沒有做好工作而受到的責備。他們認爲那是對自己的責難，從而感到憤怒，產生憂鬱。他們混同了自己做的事和自己的人格。特別是對於自尊感弱、對自己的工作抱有懷疑的人來說，批評往往被當作是一件傷人的事。只要遭到批評，他們就會把它當作是對自己的攻擊，或認爲被對方拒絕了，因此就會感到羞恥，從而陷入自卑的泥沼。受到批評的人很容易對批判本身非常反感，這樣就會遭到更大的批評，從而陷入惡性循環。

請不要將對事情的批評當成是對你個人的批評。上司對工作提出忠告，目的是爲了讓你能夠更出色地完成工作。就像《塔木德經》（猶太法典）上說的那樣，我們要「親近那些責難和批判你的朋友，遠離那些稱讚你的朋友」。充滿關心和愛護的批判雖然會讓心情變得很糟糕，但是我們應該欣然接受它，因爲只有這樣做我們才能夠獲得發展。如果只是愛聽好話，那麼最終你就不能發現自己的錯誤，這樣一來自然也就會錯失發展的機會。

然而，這並不意味著讓你接受一切批評。因爲在那些針對你的批評當中，有的是出於善意的幫助，有的則只是在諷刺貶低你。不管出於什麼理由，後者都是以傷害你爲目的的。但是，無論射向你的批評之箭多麼鋒利，只要你不接受就不會有什麼影響。假如對方送給你一份禮物，但是你不接受它，而把它原封不動地退還給對方，那麼這份禮物就不屬於你。只要自己不接受，那麼不合理的批評也同樣不屬於你自己。因此，當遭到不合理的批判時，請一笑置之，不要再浪費精力。想打敗想要傷害你的人，最好的方式就是對他不屑一顧。

然而，如果不合理的批評不斷地強加於你，那你就應該理智地做出應對。假如你表現出一副喪失理智非常生氣的樣子，那就等於承認這個批評是對的。因此，請絕對不要爲此生氣，你應該鄭重地聽完對方的批評之後，對該接受的虛心接受，對那些與事實不符的話則逐一加以反駁。這麼一來，也許對方反而會被你激怒，從而在眾人面前出醜。

另一方面，在給予別人忠告的時候，應該再三考慮清楚。對方並沒有拜託你給他指正錯誤，因此一個不小心，你就會被誤會成是一個好管閒事、愛出鋒頭的人。也許你並不太瞭解對方的意圖，也許這個忠告只是以你的標準來衡量的。另外，也許你是出於嫉妒而以忠告的名義想要傷害對方。這種「忠告」對彼此都毫無益處。

當然，眞誠的忠告會帶來很大的幫助。因爲我們每個人都會擁有不同的生活經歷，所以你可能會發現對方看不到的部分。如果對方平時跟你關係比較親近，而且你眞的想要幫助對方，那麼就請提出眞誠的忠告。就像你借助別人對自己提出的忠告而獲得發展一樣，你的忠告同樣也會讓他得到更大的發展。

每當你對一個人產生不滿時，閉上眼睛想一想對方做錯了哪些地方，哪些錯誤不是對方所能控制的。如果想要開口批評對方，說話前閉上眼睛以對方的立場想一想對方會不會反感這個忠告。

33 最好忘掉你給別人提供的幫助

只顧節約，不懂得花錢，連親戚也會背叛你，培養德行的根本在於享受無償付出。請盡力幫助那些貧窮的朋友和窘困的親戚。

「人」這個字，是兩個人相互靠在一起的模樣。它包含著一層意思，即人類的生存離不開互相依靠、互相幫助。然而，有的人會抱怨很難做到互幫互助。

仁英不管有多累都不會說出來，總是竭盡全力獨自去解決問題。其他人想要站出來幫忙，她也會極力婉拒，有時甚至因此而發火，理由是不想讓其他人看見自己身處困境的樣子。對於自尊心極強的仁英來說，接受他人的幫助是一件令人羞恥的事情，她認爲請求幫忙就意味著承認自己無能、依賴性強。仁英還認爲接受了幫助就等於是欠了人情債，只有還給對方幾倍價値的東西才能安心。

其實，仁英不願意接受幫助，還有一個非常重要的理由。她害怕自己如果接受他人的幫助，就會受到約束或者被對方隨意擺佈。她十分擔心這樣會喪失自由意志，所以極不情願接受他人的幫助。

讓人奇怪的是，面對他人的問題，仁英會不遺餘力地給予幫助。看到別人需要幫助，她就會立刻跑上去幫忙，而且非常樂意將自己擁有的東西拿出來和他人分享。然而，不知從什麼時候開始，人們把仁英的這些助人爲樂的行爲當作是一件理所當然的事，這讓她心裡很不是滋味，慢慢開始有些惱火。

人們在互幫互助的時候是最美的。事實上，能夠幫助別人是一種祝福和幸運。所以在印度向乞丐行善的時候，給錢的人反而會說謝謝，感謝對方給了自己做善事的機會。

沒有什麼事比幫助別人更開心的了。透過幫助他人，我們能夠感到「自己是一個好人」，從而獲得自我的滿足感和心理上的平衡。因此，幫助他人的行爲能夠有利於身心健康。

因此，如果你有機會幫助別人，那麼就請盡可能地給予最大的幫助。但是請不要期待得到任何回報，因爲期待回報的瞬間，你或許會因爲遭到背叛而感到憤怒，給予幫助而獲得的滿足感也會因此而消失。因此，請盡情地享受單純給予幫助的快樂。幫助他人的事實本身就已經證明了你的爲人比其他的旁觀者更好，所以你絕對不會吃虧；如果你覺得吃了虧，那麼就把它理解成是因爲你能力比較強，所以別人需要你的幫忙。能者多勞嘛！或許現在你覺得吃了虧，但是往後會得到某種回報。

與此相反，如果你處在一個必須接受幫助的立場上，那麼就抱著感激的心態，接受對方給予的幫助。即便這是一個微不足道的幫助，也應該感謝對方的心意，並且將這份感激之情表達出來。如果對方幫助你只是爲了證明他的優越感，或是爲了隨意擺佈你，這時請鄭重地加以拒絕。因爲沒有什麼東西是比你的自由意志更寶貴的了。

當你幫助過別人後，告訴自己「我眞幸運，可以幫助別人。」

不要拒絕別人善意的幫助，同時在別人需要幫助時盡力幫助別人。

從幫助別人中體會到快樂。

34 傾聽才是最好的對話方式

毛毛懂得去傾聽，她讓愚蠢的人也能夠突然深刻思考。這並不是因為她說了什麼話或提了什麼問題，讓對方產生這種想法。毛毛只是靜靜地坐著，帶著溫暖的關心，全身心地去傾聽對方的談話。她只是睜著又大又黑的眼睛，默默地望著那個人。於是那個人就會產生睿智到連自己都驚訝不已的想法。

下面是我認識的一個前輩在美國參加實習醫生課程時發生的事。那個時候，按照慣例每個實習醫生都會分配到幾位心理疾病患者，並爲那些患者進行心理治療。當時其他白人員工都分配到了預後（指醫生對疾病結果的預測）良好的患者，然而唯獨前輩分配到的都是一些預後不良的患者。雖然前輩對這種不公正的待遇感到憤怒，但是既然決定在這裡完成實習醫生的課程，他就只好盡自己最大的努力。

六個月之後，全體員工聚在一起，評價患者們的治療經過。結果令人大吃一驚，前輩被分配到的那些之前狀態不太好的患者們病情有了極大好轉。人們都無法相信這個事實，他們無法理解一個連英語都說不好，文化背景也截然不同的東方醫生怎麼能夠做好精神治療。突然有一位美國醫生拍了下桌子，說了一句：

「Good Listening！」

前輩因爲英語說得不夠流暢，所以全神貫注地去傾聽患者說的話，努力做到一字不漏，碰到不懂的單詞就一一查字典，努力理解患者說的每一句話的正確涵義。患者們被東方醫生的這份眞誠所感動，於是努力地接受治療。最終，傾聽的力量使患者的狀態有了好轉。

參加實習醫生課程的期間，我也曾經遇到過類似的事。當我第一次以治療師的身分和患者見面時，我一面傾聽患者的話，一面努力去瞭解患者存在的問題。然而，每當應該向患者說些什麼的時候，我卻總是因爲不知道該說些什麼而感到手足無措。

作爲新手治療師的無力感和欠缺感在我身上不斷加深。一天，我向負責督導我的老師袒露了心聲：「我不知道應該跟患者說些什麼。我什麼也做不了，只是聽他講，所以心裡面總是想，要是患者能夠碰上其他經驗豐富、實力又強的治療師該有多好……」

聽完之後，老師微笑著對我說道：「金醫生，你並不是什麼也沒做。你不是很認眞地在聽那位患者的話嗎？試想一下，那位患者曾經遇見過像金醫生那樣認眞聽自己話的人嗎？再怎麼親密的朋友，見了面之後也不會眞的全神貫注地去聽對方的話。他肯定會說自己也有很多的煩惱，不管是類似的煩惱，還是不同的煩惱。所以，金醫生認眞傾聽患者的話，並理解他們，這對患者來說已經是一種很大的幫助了。」

正如老師所言，儘管碰上的是新手治療師，但是我的第一位患者的病情還是有了很大的好轉。雖然這不只是因爲我的努力，但是那時我才切實地感受到了傾聽的力量。我只是認眞傾聽而已，但是卻對患者的治療是很有幫助的。

問題越複雜，越應該把它說出來，而不要只是放在腦子裡面想。在說的過程當中，人可以理清楚問題所在，並且得出建設性的結論。站在精神分析學的立場上來看，用語言表達自己的情感或想法，意味著透過語言這個二次元的思維過程來整理散佈在無意識當中的各種欲望和矛盾。這也是爲什麼只要有人認眞地聽自己的話，就能夠感到內心變得明晰而平和的原因。

然而，一旦去做了才會發現，認眞傾聽他人的話絕不是一件容易的事。怎麼聽才算認眞聽呢？我們眞的能夠全神貫注地去傾聽對方的話，去眞心理解他的話嗎？這裡有一個與此相關的幽默故事。

一名幹勁十足的年輕醫生剛到一家精神科醫院工作。他認眞傾聽患者的話，竭盡全力去瞭解他的問題，因此每到下班時間，他都會累得筋疲力竭。但是同樣在醫院工作的一名快退休的醫生，到了下班時間仍然還是一副精力充沛的樣子。年輕的醫生不禁感歎道：「薑還是老的辣呀！」

有一天，年輕的醫生跟那位老醫生問道：「您怎麼總是那麼精力充沛呢？」

年長的醫生回答道：「他們說的話，你都聽進去啦？」

這是一則諷刺精神科醫生的幽默故事，但是從中我們可以思考很多關於傾聽的問題。

首先，是關於「聽（hearing）」和「傾聽（listening）」的差異。老醫生只是單純地聽一聽患者的話，雖然聲音透過耳膜傳達到了大腦，但是除了對聲音的意義把握之外，聲音在老醫生的大腦裡並沒有引起任何的活動。因此，他的精力消耗微不足道。相反，年輕的醫生聽完患者的話，會努力去理解它。他必須時刻專注於理解患者的內心並盡量與其共情，並且控制住自己的情感。而且他還必須將自己所理解的回饋給患者，展開一種非常複雜的互動。因此，他的大腦高速運轉，很容易感到疲勞，同理心和理解對方話語的能力自然就會下降。

任何人都不可能把其他人的話百分之百地聽進去，否則大腦很快就會精疲力竭。傾聽不是指把所有的話都聽進去，而是指留意聆聽他人的話；不是理解對方現在說些什麼，而是理解對方藏在話語中的意圖。

因此，在傾聽之前，我們必須首先明白如下幾點：

1 營造「大腦冷卻區」

每次上課的時候，我都能夠體會到，只要穿插講個笑話，調整一下節奏，學生就能夠更快地理解上課的內容。另外，我們看書的時候，有時會停在某一頁上面發呆，這是我們的大腦在整理剛才讀過的內容和感想。聽別人講話的時候也是一樣。在聽的過程中，也需要說上一句：「啊，原來如此！」以調整彼此的呼吸。只有這樣，我們才能將之前聽到的內容記在腦子裡。這段暫時冷靜一下的時間被稱爲「大腦冷卻區（Cooling off Zone）」。因此，傾聽的過程中，必須保證中間有一些可以用來調整呼吸的時間。

2 不要在對方講話過程中進行批判

聽著其他人的話，有時會忍不住想要插嘴，尤其是談話途中出現想法不同的部分，那麼談話就很難轉入下一個話題。因爲我們會想要告訴對方剛才的那個想法是錯的，想要跟對方指出爲什麼是錯的，並且想要更進一步告誡對方怎麼想才是對的，所以我們再也無法專注在對方的話語上。然而，越是在這種時候，越是需要將自己的道德尺度或價值標準暫時收起來，放進口袋裡，努力繼續客觀地聽取對方的話語。我們很容易判斷和評價他人，但是這個評價只依據自己的標準，但我們往往會忘記自己同樣也不是一個十全十美的人。因此，我們應該要凡事謙虛，應該懂得尊重對方。另外，我們還有必要記住一個事實，那就是對方在內心已經有了答案，並且現在正在親自追尋這個答案。

3注意對方的肢體語言

加州大學心理學家亞伯特．麥拉賓（Albert Mebrabian）指出，在人與人之間的交流溝通中，只有百分之七是透過對話的內容完成的，百分之三十八是透過音調或抑揚等語氣完成的，餘下的百分之五十五是透過表情、身體動作、姿態等視覺要素來傳達的。即交流溝通的百分之九十三是透過肢體語言來傳達的。因此，想要很好地理解對方話語中的意圖，不光需要專注於談話的內容，還必須一邊看著對方的眼睛，一邊留意對方的肢體語言。

4偶爾站在對方的立場上思考問題

「如果我是他會怎麼辦？」換位思考不但能夠準確把握對方的談話內容，而且還能夠更好地理解對方的情感。假設妻子對丈夫說：「最近都見不著你的面。」丈夫卻用一句話簡單回答說：「下週應該能夠早點回家。」問題雖然解決了，但是卻不能說對話得到了很好的化解。因爲妻子對丈夫說這句話，是爲了排解在丈夫身上感到的失落和埋怨，而丈夫完全沒有理解這份情感。因此，站在對方的立場上揣摩對方話語中潛藏的情感顯得非常重要。然而這並不意味著必須完全認同對方的話語或情感，只是要求盡自己最大的努力。如果對方的話語中，存在自己無法認同的部分，那也應該盡全力認眞傾聽。只有這樣，以後在表達自己的意見時，對方也才會認眞地努力理解你。

5 只為學習提出問題

理解他人絕對不是一件容易的事。就算是長期相處的人，很多時候也會驚訝於對方偶爾表現出來的新的一面。儘管如此，我們總是誤以爲完全瞭解對方。所以我們分享對話，是爲了理解和自己不同的人。我們傾聽對方的話語，理解他看待人和世界的框架，從中學習很多的東西。這便是我們需要傾聽的理由，也是傾聽最大的力量。但是人們往往按照自己的方式來解釋對方的話語，很多時候還會曲解對方講話的意圖。爲了避免這類誤會，最好在談話途中時不時地問一問：「這句話是這個意思吧？」「我理解的對嗎？」透過這種努力，我們可以準確地理解對方的話語。

6疲憊不堪的時候應請求諒解

傾聽時，我們的頭腦活動非常活躍，所以會消耗大量精力。因此，如果你累得沒有精力傾聽，那麼最好一開始就不要聽。如果聽的人不能集中注意力，聽得心不在焉，那麼會對說的人造成更大的傷害。因此，疲憊不堪的時候，最好能夠先說明緣由，將對話暫時延後。只有聽的人感到舒心，說的人才能感到舒心。

7享受傾聽的過程

我們的語言帶著各自特有的節奏。因此，傾聽如同聽音樂一般。對話的時候，用自己的節奏配合對方講話的節奏，就像一起跳一曲華爾滋。要如同聽一段好音樂一般，享受傾聽的過程。這樣就能夠更好地理解對方想要表達的意思。

8只在決定性的瞬間開口

精神分析學上，準確的解釋至關重要。準確的解釋包括「時機」。這是因爲患者在準備聽取任何建議的時候，即在決定性的瞬間，應該要及時爲對方做出解釋。展開對話的時候同樣如此。應該在決定性的瞬間開口，而傾聽對方的談話，自然就能夠把握這個瞬間。如對方的話語中存在矛盾，對方對自己的話語產生困惑，對方對你的認眞傾聽表示感謝，或者當對方開始看清問題的時候，就可以開誠佈公地發表意見。講話的時候需要考慮對方的感受，盡量不要直白地說：「不，我不同意這話。」而應該婉轉地表示：「是，我認爲你的話也有道理，但是我的想法是……」這樣的話，對方就不會認爲自己遭到輕視，也不會感到羞愧，於是就會努力去尊重和理解說話者的意見。

傾聽擁有比我們所能想像的更爲強大的力量。只有用心傾聽，才能讓說話者感受到我們對他的眞誠的關心和擔憂。我們可以透過傾聽使對方感動，並敞開心扉吐露實情。傾聽者透過說話者進行學習，說話者透過傾聽者得到問題的答案。因此，傾聽才是最好的對話方法。

在聽對方的話之前，判斷對方談話的目的。

在對方說完之前，盡量不要打斷對方的話。

在聽對方說話的同時，站在對方的立場上思考他／她爲什麼要說這些話。

對於自己沒有理解的地方，虛心地提問以獲得正確的資訊，同時也讓對方意識到你正在聆聽他的話。

當你肯定對方的話時，真誠地做出讚美。當你不同意對方的話時，委婉地提出意見。

Part. 3

如何幸福地
擁抱成功創造快樂

如何幸福地擁抱成功創造快樂

35 40歲之前努力培養幽默感

笑容就像天上的星星。笑容又像一場夏雨。如果沒有笑容，人生早就變成了沙漠，甜美的笑容使人生的草木不斷繁茂生長。

法國著名小說家巴爾札克原本在索邦大學攻讀法律，但是他從小的夢想是成爲一位作家，因此在畢業前夕決定退學。之後，他住到巴士底廣場旁邊的一個簡陋的閣樓裡，在這裡開始了他的寫作生涯。

一天，這個窮作家的家裡來了個小偷。小偷翻找書桌的抽屜，因爲這是家裡唯一的家具。聽到動靜，巴爾札克從睡夢中醒來。發現小偷後，他突然笑了起來。小偷嚇了一大跳，問巴爾札克爲什麼笑。

巴爾札克望著小偷，說道：「就連我這個抽屜的合法所有人，每天白天去翻都翻不出任何東西，看到你想要在夜裡從這裡找到東西，又怎麼能不笑呢？」

像這樣的幽默能夠化解危機狀況，緩解人際關係中產生的攻擊性，使日常生活變得溫和平穩。因爲幽默是一種態度，它來自對人生當中可能發生的任何事情的理解和寬容。幽默還是對人生的不合理性的一種肯定。幽默就像沙漠中的綠洲，讓我們在面對任何情況都不喪失希望、堅持到底。因此，我們不難理解在步履艱難的現實中，喪失了笑容的現代人，爲什麼那麼喜歡風趣幽默的人了。

三十幾歲的人更加迫切渴望幽默，因爲三十幾歲這個年齡段是一個變化無常的時期，面臨結婚、生子、升職、跳槽等各種各樣的事，比人生的其他任何一個階段都要充滿未知數，難以預測。而且，三十幾歲的人爲了實現夢想勇往直前，會努力結交很多人、經歷很多的事。在這個過程當中，可能會有人突然闖進自己的生活，也可能遭遇莫名其妙的荒唐事件，甚至受到敵人出其不意的攻擊，自然也就會發生很多令人失望或無法忍受的事。這時我們需要的便是幽默，接受不合理的狀況，並學會一笑置之。

很多人認爲幽默感是與生俱來的，所以他們只會羨慕那些風趣幽默的人，而不會想著讓自己透過學習也變得幽默。其實，幽默是可以透過學習來培養的。

有一個前輩爲人風趣幽默，每次聚會都非常受人歡迎。只要那個前輩一來，席間總是充滿歡聲笑語。大家都羨慕前輩擁有與生俱來的幽默感。其實，那個前輩平時會花很多時間努力培養幽默感。就算工作再忙，他也會抽出時間來觀看包括搞笑節目在內的各種人氣節目，努力趕上時代潮流。另外，他只要聽到有趣的故事就會把它記下來，並且經常有意識地讓自己多笑。因此，任何人只要付出努力，就都能夠像前輩那樣成爲風趣幽默的人。

有的人在經歷過人生的喜怒哀樂之後，仍然能夠露出平靜的笑容。這種笑容顯得格外珍貴，因爲它體現了經歷過矛盾之後仍然肯定現實的態度。

因此，不要爲自己缺乏幽默感而煩惱，你現在要做的是先學習不輕易動怒，並培養善於把握狀況的能力。另外，請努力學著擁抱所有的不愉快。只有這樣，你才能夠用笑容面對包括自己在內的所有人。

當你遇到讓你感到生氣的事情時，試著用調侃的語調描述這件事。

每天上網或讀報，看一看那些幽默有趣的流行用語，體會其中的調侃涵義。

從現在開始，每週看一部喜劇電影，讓自己「哈哈哈哈」地開懷大笑。

36 滿懷熱情地生活吧

不斷努力。只有這樣，你才能夠與機會不期而遇。我從來沒有聽過有人一動不動就能夠交上好運。

精神分析學上認爲30歲年齡段是一段未知的時期，是一段不斷積累經歷的時期。然而，到了50歲以後回顧過去的人生，才明白三十幾歲時積累的經驗爲目前的生活奠定了基礎。如果說二十幾歲是確定發展方向的時期，三十幾歲則是估量在選擇的方向上能夠走多遠並爲之打好基礎的時期。三十幾歲時對生活的熱愛程度決定你在工作領域能夠取得多少成就。

二十幾歲可以嘗試各種可能，不斷摸索自己的道路，一旦發現錯誤，及時修正過來就行。然而，30歲之後，不管你選擇的是什麼，只要不是一條大錯特錯的道路，最好能夠盡自己最大的努力朝前行，全身心地去投入到你所選擇的工作中去。三十幾歲的你必須這樣做。時間很公平，不管是好的還是壞的，我們投入多少熱情和精力，時間就結出多少果實。這便是時間的法則，很多實際例子都證明了這一點。

在一所高中裡曾經有一個搖滾樂隊。樂隊成員雖然並不出名，但是對音樂充滿了熱情，接下了在德國漢堡一家俱樂部中每天演奏8個小時的工作。因爲他們每天演奏8個小時，熟悉了曲子的各種風格，所以能用獨特的、全新的方式來演奏許多曲子。他們在一年半的時間裡一共一起演奏了兩百七十天，對樂隊其他成員的風格瞭若指掌，也懂得了互相配合，創作出美妙的曲子。所以，等到離開漢堡的時候，他們已經能夠演奏出與其他樂隊完全不同的精彩音樂。這個樂隊就是著名的披頭四樂隊。

因此，我們可以這樣說，披頭四絕不僅僅是由約翰·藍儂和保羅·麥卡尼這些音樂天才組成的樂隊。在獲得成功之前，他們花了大約10年的歲月不斷地唱，不斷地演奏。他們投入的大量時間和努力最終讓他們變成了音樂天才。

《超常之輩：成功的故事》（The Tipping Point）作者馬康·葛拉威爾（Malcolm Gladwell）認爲，披頭四樂隊成員是證明「1萬小時法則」的人。所謂「1萬小時法則」，是指只要在某個領域投入1萬個小時的努力，那麼任何人都能夠成爲某一領域的超常之輩（超越普通人範疇的成功人士）。

事實上，知識和技術以蛋白質形態儲存在大腦中，在必要的時候提取使用。重要的不是大腦中存儲了多少資訊，而是這些資訊是如何有機地聯結整合在一起的。舉個例子來說，如果只是把物品隨意地堆放在倉庫裡，那麼找起來會花上很長時間；但如果將它們系統地整理並堆放在一起，找起來就很容易了。

保存記憶的大腦皮質存在大約一百四十億個神經細胞，記憶的核心工作便在於連接神經細胞的「突觸」。突觸的密集度對頭腦的開發會產生決定性的影響。突觸使用頻度越高，就會變得越多越活躍，其密集度也會越高；但是如果不去使用，就會慢慢變弱，並最終消失。因此，工作的時候，爲了最大限度地發揮效率，獲取卓越的成果，就必須多用腦，不斷地啓動突觸。只有堅持不懈的努力才能夠創造出卓絕的大腦。那麼，需要付出多大的努力，才能成爲某一領域的專家呢？

正如前面所提及的，馬康·葛拉威爾主張需要1萬個小時；美國神經學專家丹尼爾·利瓦廷（Daniel Levitin）也揭示出一項研究結果，認爲不管任何一個行業，如果一個人的技能要達到世界水準，他的練習時間就必須超過1萬個小時。丹尼爾·利瓦廷指出：

「無論是作曲家、棒球運動員、小說家、滑冰運動員、鋼琴演奏家、棋手還是做案屢屢得手的慣犯，以及所有其他什麼領域中的人，統計結果顯示，要成爲某一領域的行家，練習時間需要達到1萬個小時。1萬個小時大概相當於每天練習3個小時，或者一週練習20個小時，然後持續練習10年時間。目前還沒有發現在任何一個領域中，有人花費比這更少的練習時間，就能夠成爲世界水準的專家。由此可見，長時間的練習能讓人的大腦吸取各種技能資訊，保證一個人成爲專家。」

聽到1萬個小時，也許你會瞠目結舌，心生畏懼。然而，每天花3個小時，然後只要持續10年就可以了，難道不值得挑戰一下嗎？不管是什麼，只要你全力以赴，那麼10年以後，你就能夠成爲該領域中公認的專家。因此，請在三十幾歲的時候，滿懷熱情地生活吧，這是50歲的我可以給你的最好建議。

選擇一項自己最喜愛的事情，每天花2個小時，深入地對其瞭解、練習。

想一想五十幾歲時的你，如果你不想面對悲慘的五十幾歲，那麼從現在開始行動起來，你不能再浪費每分每秒，用自己的雙手去挖掘享受不完的快樂！

37 你已經擁有重新開始的力量

我不斷地努力，想要和圍繞在我身邊的不幸保持距離。一天早上，我照常去收容所的工地參加勞動。在路上，我又餓又冷，雙腳因為凍傷和浮腫痛得不能走路。情況看來非常糟糕。那時我想像自己站在寬敞美麗、溫暖明亮的禮堂講壇上，正在向熱情的聽眾講述關於「收容所的心理治療經驗」。在這虛擬的演講中，我講述著現在正承受的這一切。「女士們，先生們，我曾經不敢想像自己有一天會發表這樣的演講……」

最近在韓國，人們都預測經濟將會長期不景氣。證券市場已經崩盤，失業者超過一百萬人。如果將正在找工作的和不準備找工作的人也算在內的話，失業者的數目將近三百五十萬人。貨幣一夜之間變成了廢紙，昨天還正常上下班的人突然變成了失業者，流落街頭。再怎麼提升自己，周圍總是存在著比自己條件更好的人，所以機會絕對不會落到自己頭上。就算現在還幸運地在公司上班，也因爲擔心隨時有可能會被炒魷魚而戰戰兢兢。每個人都能切身體會到波及全球的經濟危機對自己產生的影響。在生存本身受到威脅的狀況下，一種非常可怕的病毒正在社會各處散播肆虐，這便是「慢性無助感」。

每當遇到依靠自身的力量無法解決的事情時，人們一般都會感到一種無力感。他們認爲自己沒有力量克服這種艱苦的狀況，於是不戰而敗。儘管如此，還是有人將絕望轉變成希望，將極端狀況轉變成機遇。人們並沒有因此而喪失希望，而是相信「明天會好起來的」「只要再稍微忍耐一下，就會好起來的。」然而，社會壓力越來越大，嚴重的挫敗感、絕望感和慢性的無力感猖獗肆虐。面對加油打氣的話，人們沒有絲毫的反應。

但是我依舊相信，人們會在鎮定之後採取行動，戰勝艱難的每一天，重新站起來出發。我相信每個人都具有強大的復原力。「復原力」是當我們在遭遇到艱難的狀況時，幫助我們戰勝焦慮的力量。每一個人都擁有自我治癒的力量，所以復原力也被稱做「自然治癒力」。

然而，人們往往相信只有醫生才能治好病。所以在治療患者的過程中，我經常能夠聽到患者表達謝意的話。

「醫生，謝謝你。多虧了您的精心治療，我的病才能夠好轉，才能夠像現在這樣笑出來。如果沒有您，我都不敢想像自己會變成什麼樣子。」

面對患者答謝的話，我的回答每次都一樣：「其實，這不是我治好的，而是你自己戰勝了問題。我只是幫助你解開了你心中的結。你本來就擁有自我治癒的力量，只是自己沒有察覺到而已。也許是因爲某些難堪的記憶和矛盾，你將這股力量壓制到內心深處，我只是幫助你找回了這股力量，解決問題的是你自己。」

具有自我治癒功能的復原力如同傷口處重新長出的新肉，這股力量比我們想像的更加強大。很多人在經歷過大屠殺那樣悲劇性事件之後，依然能夠生存下來，重建生活，也多虧了復原力。

另外，我們之所以能夠承受得住大大小小的壓力，同樣也是因爲具有強大的復原力。美國加州大學的心理學教授薩爾瓦多・麥迪（Salvatore Maddi），以七〇年代和八〇年代伊利諾州Bell電話公司處在倒閉危機時的四百三十名員工爲研究對象，進行了關於壓力的研究。那時，大部分的職員陷入了心理上的恐慌狀態，遭遇了離婚、心臟痲痹、腦中風等諸多困難。然而令人驚奇的是，其中三分之一的職員與之前相比並沒有發生多大的改變。他們保持了很好的健康，被解雇之後也很快找到其他的工作。他們的共同點是擁有比其他人更強大的復原力。

並不是說復原力強大，就不會感受到壓力；而是說復原力強大的人不會被壓力壓垮，會始終相信自己可以克服它。復原力強大的人明白人活著總會經歷苦難，並且將逆境視爲成長的機會。另外，他們不會去責備其他人，而是努力學習如何戰勝痛苦和失望的方法。

就業困難、前途渺茫、一無所有、一事無成……或許現在的你依然深陷在挫折和絕望的泥沼。上天要讓我們經歷苦難和傷痛，但同時也賦予了我們克服它們的復原力。因此，無論你現在要忍受多麼痛苦的煎熬，也不必感到絕望，你要相信傷口總會治癒，總有一天你還會重新站起來。當你再一次站起來的時候，你一定會變得更堅強、更有遠見、更勇敢。因此，如果你想要擺脫艱難的狀況，那麼請相信你內心深處的這股驚人的力量。你可以將它作爲堅實的後盾，邁步大膽向前走。沒有什麼可害怕的，剛剛三十幾歲的你，一切皆有可能！

經歷磨難，讓你變得更加堅強。

「……他說風雨中這點痛算什麼，擦乾淚不要怕，至少我們還有夢……」聽一聽鄭智化的歌曲〈水手〉。

你見過不倒翁吧？每天回家以後推它一下，看著它重新站穩的樣子。

38 一無是處也是一種優勢

我還是一如既往地從事著電視播音工作。偶爾我會想，我又沒什麼大的本事，怎麼就能挺到現在呢？現在我的口音也因為苦練口技模仿基本功而變得有些古怪，我一直做一些喜劇節目的配角，一次也沒做過主角，而且都是那些從頭到尾只須說幾句簡單句子的滑稽角色，也不像其他當紅的喜劇演員那樣有很多臺詞。為什麼能堅持到現在呢？我覺得，多虧我心裡一直對自己說：「除了這個，我什麼也不會，我會一輩子幹這一行，所以現在暫時不出名也無所謂。」

「金代理（註：韓國職場上，代理是介於主任與課長間的職務）鬼點子特別多，眞不知道他是怎麼能想出這麼多好主意；李主任口才很棒，善於交際，所以簽下了不少大合同；申代理的英語簡直和美國人說的一模一樣，聽他跟採購們通電話時用英文對話，常常讓我羨慕不已……這個世界上厲害的人物這麼多，怎麼就我是這副模樣呢？我沒有什麼特別出色的地方，能力也一般。就這樣子，別說成功了，就是追趕別人，也會在途中沒沒無聞地消失。我眞的非常討厭這種感覺，無論在哪裡都沒有存在感，不能受到任何人的關注。」

很多人都可能有過類似上面這樣的想法，但即便如此，你也不要爲此垂頭喪氣或感到絕望，能力出眾的人也有他們自己的煩惱。由於他們經常受到別人的關注，難免會樹立越來越多嫉妒他們的敵人，那些人甚至想辦法要打倒他們。於是，這些人也開始留意敵人的一舉一動，在與敵人不斷做鬥爭的時候，他們自我發展的時間就相應減少了。

可是，像你那樣雖然沒有哪一方面特別出眾、對各個領域卻都略知一二的人，適應力是很出色的。除了特別專業性的問題以外，大部分的事情依靠你的智慧和能力就能夠得到解決。雖然你都只略知一二，可是因爲對各個方面都有涉獵，所以能夠更加全面地看待整個世界。

人生是一場馬拉松，能堅持跑到終點的人就是勝者。堅持不懈地追求自我價值，總有一天，你會發現自己也成了領軍人物。

大沙魚行動時容易驚動周圍，很難享有只屬於自己的簡單生活，所以爲自己是一隻小蝦米而感到高興吧，然後努力培養耐心。

請相信這句話：誰堅持到最後，誰才是眞正的英雄，誰才是戰勝自己的強者！

39 做事要全身心地投入

任何人都可以三分鐘熱度。但是如果全身心地投入其中的話，那麼蘊含在裡面的某種特別的東西就會在我們的血液中流淌。從此之後，任何東西都很難阻攔我們了。

我們平時感覺時間過得很慢，生活無聊又沒勁，然而奇怪的是，只要一到考試期間，就會有很多事想要去做，也會有很多電影和書想要去看，對生活充滿了嚮往和熱情。於是，我們經常會暗下決心，對自己說：「等這次考試結束了，我要把那些沒時間看的書全都看完，我還要學習英語……我不會再像以前那樣遊手好閒了。」

我以前也總這樣，而且一直想不通自己到底爲什麼會這樣。時間多的時候，無所事事什麼也不幹，但是一到考試期間，就會有很多事想要去做。一旦開始埋頭準備考試，動力系統就會被啓動。大腦裡沉睡的意欲就會像酸漿果爆裂一般開始甦醒過來，而其他的意欲和好奇心也會一同從沉睡中甦醒。所以只要一到考試期間，就會變得有很多事情想要去做。

事實上，還有什麼比考試複習更讓人討厭的呢？大家都應該有過這樣的經歷：通宵達旦地和難題奮戰，終於在清晨解開了一道題目，於是感覺到的一種開心和滿足。這種感覺足以跟哥倫布經過漫長險惡的航海，並最終發現美洲大陸時的那種喜悅相媲美。那時你會全神貫注在解題上面，根本就不會去關心夜晚是什麼時候過去，清晨又是什麼時候來臨。即使在你通宵熬夜也解不開難題的時候，到了早上你的心中也同樣會充滿著莫名的滿足和充實。

你曾經瘋狂地迷戀過某件事嗎？是否像陷入熱戀一樣瘋狂地沉迷過某一件事呢？滿腦子都是它，只要一想到它，就會心潮澎湃，做事的時候就會陷入忘我的境界，你有過這樣的經歷嗎？如果你有過這樣的經歷，那現在沒有什麼是你做不了的。因爲你已經體驗過那份當你沉醉於某件事時所能夠獲得的喜悅、由此產生的自信，以及成就感。

我從小就非常害羞，缺乏自信。所以，每次只要一站到眾人面前進行朗讀或發言，我就會吞吞吐吐，臉紅心跳，怎麼也做不好。我很想改變我的這種性格，所以上了大學之後，就選擇加入話劇社團。

這之後我漸漸迷上了話劇。當時，我只要手裡一有錢，就跑去書店買話劇相關的書來看。我去社團參加練習比任何人都要早，不管是在路上走，還是在睡覺，心裡面想的都是自己飾演的角色。當花費了極大心血的話劇終於落下帷幕的時候，我聽到觀眾們的掌聲，感覺心潮澎湃，心裡的快樂像炸開了的花似的。舞臺上的我成了完全不同的另一個人。那個謹小慎微、容易害羞的我消失得無影無蹤。

雖然爲期兩天的公演很快就落下了帷幕，但我在其他方面也隨之發生了變化。我開始獲得了獎學金。人們都感到很驚訝，一放假就沉迷在話劇上，根本沒有時間學習的孩子怎麼能夠獲得獎學金呢？對此，我同樣也說不清楚，但是內心卻隱約地知道。迷上話劇的經歷培養了我的注意力和自信，也讓我懂得了專心投入學習的方法。

能夠迷上一件事，同樣也能夠迷上另一件事。在陷入熱戀的人眼裡，世界顯得神秘而美好，而一旦迷上一件事，就好像和世界談戀愛一樣。而且，發自內心的熱情能夠讓自己正面地看待與自己不同的人和世界。

那時的經歷成了支撐我至今的力量。舞臺上演繹他人人生的經歷培養了我理解患者內心並與其同理心的能力，對日後組織心理劇產生了巨大的幫助，而且這也成爲我寫作的力量源泉。

首爾大學黃農文教授在《投入式思考》中對投入本身產生的正面效果和幸福感做了闡述。他指出，越是全身心地投入，大腦突觸的活動就會越旺盛，多巴胺大量分泌，從而增強創造性和意欲，體驗到覺醒和快感。與此同時，樂趣的強度會增強，力量和成果也會相應得到提高。

迷上某件事意味著充滿熱情，而且還能將熱情轉化爲行動。如同瘋狂般地陷入熱戀是年輕人的特權，迷上某件事同樣也是年輕人的特權。當然，年紀大了之後也同樣能夠爲某事瘋狂著迷，但是那時就無法展現年輕人的熱情和活力了。

因此，趁你還年輕，試著全身心地投入到某件事當中去吧！不管這是工作還是興趣，只要能夠賦予人生新的意義，請全身心地投入吧！瘋狂地熱衷某件事的經歷會在今後的生涯中幫助你，讓你在接受任何挑戰時，都能獲得成功，讓你體會到生活的喜悅。

不論是興趣還是工作，找一件事情，讓自己全身心地投入進去吧。

想一想如何管理好你的時間，使每一天都過得更充實。現在馬上買一本管理日程的筆記本，塞滿你的時間。無論行程排得多滿，只要你嚴格按照排程督促一下自己，一定會比以前多做許多事情。

40 不要爲自己的平凡感到羞愧

我堅信今日的發展依靠的不是一個人的天賦，而是所有普通人的努力。雖然天才埋下了火種，栽培和享有它的卻是平凡的人們。

我們都擁有各自的夢想。夢想爲我們揭示目標，指引道路。它如同夜空中閃耀的、爲迷路的人們指引方向的北極星。然而，如果我們不是以北極星爲指南尋找目的地，而是一心想要到達北極星，那麼我們最終到達的地方將是寒冷的北極。我們會因爲寒冷、寂寞和恐懼而瑟瑟發抖。就像如果我們一味地追求不切實際的夢想，就很容易對卑微的自己和現實感到失望，從而變得憂鬱。

這時，我們會感到羞愧，因爲覺得自己一無是處、滿身缺點，所以害怕被他人拋棄。羞愧是出於保護自己而產生的一種情感，所以人們拚命想要掩飾羞愧。負罪感是對想像中的或現實中的行爲做出的反應，所以一旦解釋清楚就能夠得到原諒。但是羞愧產生的原因是由於自身的缺點，所以自己也無能爲力。面對羞愧，如果只是掩飾或逃避，那麼我們就會感到什麼也做不了，一點希望也沒有，從而陷入有氣無力的憂鬱狀態。而且，越是在意他人的視線，就越是難以忍受羞愧。

豈止如此？當今社會只看重「第一」，不管是在學習上還是外貌上，都只認可第一，獎牌也只認金牌。所以鎂光燈也只是聚焦在第一名和金牌上，獲得第二名或摘取銀牌變得毫無意義。我們認爲只有第一才是優秀的、美好的。

在這個崇尚第一、追求特別的社會，人們認爲平凡便是失敗。然而，既不許出錯，也不許失敗，總是要成爲第一的強迫觀念對所有的人來說都是一種折磨。這種折磨使我們變得無力，奪走了我們的希望。人們因爲對自己的無能感到羞愧，忍不住想要躲藏起來，想要逃跑。

然而，在這裡我想要問一個問題：「爲什麼不能夠平凡一點呢？」

平凡的自由、平凡的寬容，以及平凡的閒適……擁抱彼此的錯誤，塡補彼此的不足的寬容便存在於這份平凡當中。而且我們能夠體會到的幸福也隱藏在極其平凡，而不是特別的事物當中。因此，平凡絕對不等於失敗。

我們都是一群平凡的人，擁有不足的一面，有時會犯錯，有時也會遭遇失敗。但是失敗並不會就迎來世界末日。犯下一點小小的錯，更不會成爲笑柄。因此，請正視並接受現實。

不要過分要求自己，不要因爲自身的不足而羞愧。

不夠完美但非常可愛的我，和同樣不夠完美但値得去愛的他人相識，去開創雖然不夠完美、也許會令人失望，但仍然有價値、値得迷戀的世界，這便是我們的生活。

因此，從現在開始，請掙脫掉緊緊地捆綁住我們和現實的「過度理想化」的枷鎖。讓理想在夜空中閃爍，而我們跟隨這顆閃亮的星星，在現實這片土地上繼續我們的旅程。

找一些大家一致認可的不平凡的人物，然後想一想他們爲什麼不平凡？又想一想他們的人生會不會是眞的很幸福？

睡覺前想一想今天有什麼讓你高興的事情，告訴自己：「這樣的生活我很滿意。」

41 再喜歡的工作也會有疲勞期

努力的過程中有時會突然變得懶散，忍耐的過程中有時會變得急躁。一會兒充滿希望，一會兒身陷絕望，我又一次遇到了這種情形。如果再繼續努力，一定會更好地理解水彩畫。如果這是一件很容易的事，那麼也就不可能從中獲得任何的愉悅。所以我還是要繼續畫下去。

「我不知道我想要什麼。」最近經常從年輕人嘴裡聽到這樣的話。真的有這樣迷茫的時候嗎？居然會不知道自己想要什麼、喜歡什麼？然而當我仔細聽下去，就會發現他們存在一個錯誤的想法。他們認爲做自己喜歡做的工作會一直很開心，不會產生半點的討厭或不耐煩。於是他們工作時一旦出現厭煩或討厭的情緒，就覺得這不是自己喜歡做的事。

然而，世界上沒有什麼工作是不會令人厭倦的。這是因爲我們的心一旦熟悉了某樣東西，就會對它失去新鮮感，忘記它的珍貴。連對戀人的愛也會同樣隨著時間的流逝而冷卻，更何況是工作呢。

但是，很多年輕人認爲「眞正喜歡的工作應該總是令人愉快的」，於是一旦對工作產生厭倦，他們就會終日惶恐。他們會想：「這個工作好像也不是我喜歡的。什麼才是我眞正想要的呢？如果永遠找不到的話，該怎麼辦？」……再加上他們往往心情急躁，只重視有形的成果，狀況會更加惡化。如果一件事需要花上很長時間才能得到結果或答案，他們就會難以忍受，常常中途放棄。於是他們因爲擔心而無謂地浪費了時間，實際上也沒有獲得任何的成果。

這裡有一點你必須銘記：你正在做的是工作。正如世界上學習再好的人也不會認爲學習是一件輕鬆愉快的事情一樣，工作也是如此。所有的工作從根本上來說都是費力辛苦的。不管它是不是你期望的工作，都不會像你去遊樂園那樣總是充滿快樂，所以不要認爲做喜歡做的工作總是會感到有趣。經歷過令人厭倦和艱辛的過程，你才能體會到快樂和滿足。

然而也會有一些事是你特別討厭做的。做這類事的時候，不管你再怎麼振作精神，也很難有所進展，花再多的時間也只是原地踏步。時間越久，越是感到厭煩、不滿和焦慮。有人會說「既然不能避免，就去享受它」，我反對這種說法。既然是自己討厭做的事情，又怎麼可能享受它呢？這就像讓你去喜歡一個你討厭的人一樣。努力試著去享受自己討厭的東西，這本身就會讓人感覺到壓力。

我也會碰到這類事。越是我討厭的事，我就會越快把它做完。因爲多次經驗告訴我，事情越是拖延，就越會讓人產生沒完沒了的厭倦情緒，從而引起不必要的焦慮。所以我總是抱著「看誰贏到最後」的念頭，如同在考試前夕臨時抱佛腳一樣，努力爭取在最短的時間內把它做完。當你把討厭的事迅速處理完之後，就能體會到一種快感、勝利感和成就感。這在心理學上被稱爲「贏家效應」。該理論指出，一旦獲得勝利，誘導攻擊性行爲的荷爾蒙——睪丸素就會分泌旺盛，從而獲得乘風破浪的正面能量。

不管是什麼事情，一旦獲得一次成功，就會有一番全新的認識。擺脫認爲「我不行」的失敗主義傾向，獲得正面能量，認爲「原來這樣做就行」。因此，經歷一次成功顯得非常重要。越是平時認爲自己一無是處的人，獲得一次成功之後產生的效果就越大。所以，如果你碰到討厭做的事，請下定決心，在最短的時間內一鼓作氣把它做完。做好這件事，你就會產生一種戰勝自我的滿足感，而你在積累這些成功經驗的過程中，自然而然地獲得自信心，相信什麼都難不倒自己。

如果你眞的爲不知道想要做什麼工作而感到徬徨，那麼就先請你離開座位站起身來。因爲沒有人會主動將你想要做的工作直接送到你手上。如果你已經站起來了，那麼就請活動活動腿腳，進行各種嘗試！你必須親身去經歷各種事情。在這過程中，你才能碰到既是你擅長的，又是你感興趣的、有意義的工作。當你終於找到這樣的工作時，你可能會發現那便是你最喜歡做的工作。

如果你隱約知道自己想要做的是什麼，那麼就請再仔細想一想。你是否只要一想到它就會心跳不已？在從事這個工作的時候，你是否會感到幸福和滿足？如果你感到心跳，那麼就請朝著這個方向繼續前進。你覺得爲時已晚嗎？絕對不晚。你願意在往後的三、四十年裡接著做自己討厭的工作，無精打采地生活嗎？雖然你會感到很辛苦，也會遇到很多障礙，但是請集中精力做你想做的事。也許今後你會有不如意，會遭遇挫折，但是請記住那份心動的感覺，堅持到底。人生只有一次，你難道不應該做自己喜歡的工作嗎？

選出你最想做的五項工作，然後想一想哪些是你現在就能勝任的，哪些是可望而不可即的。

如果你不知道自己喜歡什麼，就將精力投入到你現在正在做的事情上。

如果你不能從事自己喜歡的工作，就把它當作興趣愛好。業餘興趣伴隨你的時間比工作更久。

42 懂得放棄也是一種勇敢的選擇

我畢業於首爾大學醫學院，二十幾歲就成為醫學博士，後來又成為醫學院教授，一帆風順的經歷或許令人豔羨，但是這些都比不上我在電腦操作中感受到的樂趣，電腦讓我感到自豪，感到生活充滿意義，讓我深深地體會到使命感和成就感。相較於走過的日子，剩下的日子還更多，與其對目前積累的成就戀戀不捨還不如向自己覺得更有意義、今後可能更有作為的方向前進。正因如此，我最終決定徹底放棄學習了14年，並獲得了博士學位的醫學。

「隨便」是說無所謂，還是在逃避責任？

我問孩子們：「今天吃什麼？」「去哪裡？」

我明明問了兩個問題，但得到的回答卻只有一個：「隨——便——」

孩子們拖長音調，將選擇的權利全部交給了我。

但是我聽到這句話時，心裡並不舒坦。於是我稍稍提高嗓門說道：「難道你們沒有想法嗎？你們應該講講自己的意見。」

「不是啊！我們是吃什麼都可以。」孩子們說完，朝我露出天眞爛漫的表情。

孩子們爲什麼把選擇的機會推給我？這和選擇錯誤時會產生的不安感有關。如今的年輕人都常常以自我爲中心。他們是希臘神話中愛上自己的水中倒影的納西斯（Narcissus，希臘神話中愛上自己在水中倒影的少年，英文單詞narcissism引申爲「自戀」）的後裔。他們希望自己成爲十全十美的人，認爲這是愛自己的一種方式，也是獲得他人的愛的一種條件。但是如果他們選擇錯誤的話，就會暴露出自己不完美、不成熟的一面。於是爲了避免這種危險，他們就會將選擇的機會推給別人，不願承擔責任。

相反，如果迴避選擇，那麼不管結果如何，都能夠做出有利於自己的解釋。試想，一對戀人在約會時需要點菜。男人問：「吃什麼？」女人回答說：「隨便。」於是由男人點菜。萬一食物可口，那麼女人會認爲是她把選擇的機會交給了男人，所以結果才會那麼完美，最終功勞歸她；萬一味道不好，女人就會覺得是男人選錯了，而她並沒有錯。像這樣，將「隨便」選擇的權利交給他人之後，那麼自己在任何情況下都不會受到指責。

所以，現在的年輕人在瑣碎的小事上也無法做出決定。因爲他們不光想要將決定權交給別人，而且當必須本人做出選擇的時候，他們又想要做出令所有人滿意的選擇。他們連遇到不太重要的決定時，都會考慮所有的變數。然而，任何選擇都不可能同時滿足所有人。於是他們一味地浪費時間，等錯過做出選擇的最佳時機後，只好急匆匆地做出眞正重要的決定。這就是現今的年輕人在面臨選擇時的情況，他們嘴上喊「我的人生我做主」，但事實卻並非如此。

那麼，怎樣才是最佳的選擇呢？怎樣才能做出不讓自己後悔的選擇呢？怎樣才能擺脫對選擇的恐懼呢？

世界上沒有完美的選擇

女兒偶爾會纏著我，讓我給她講我和丈夫是如何相識並結婚的。有一次我跟她聊我們大學第一次見面時的情形，她聽完之後說道：「萬一爸爸沒有複讀，就碰不到媽媽了，那這個世界上不就沒有我了嗎？多虧爸爸複讀了一年。」

望著女兒說完之後便滴溜溜跑出去的樣子，我笑了好長一段時間。正如女兒所說，單單一次選擇就能改變很多東西。如果我沒有上醫學院，如果丈夫沒有複讀……如果眞是那樣，那麼我的生活會變成什麼樣子呢？

有一天，我會在某個地方

歎一口氣，然後回憶說：
「曾經樹林裡面有兩條路，
我選擇了人跡罕至的那條路，
因此一切都改變了。」
——摘自：佛洛斯特，〈未走之路〉

誰都會偶爾想起那條「沒有走的路」，會說「如果當時那麼做的話，狀況可能會更好些」或是「或許會變得更糟」之類的話。然而所有這一切都以「如果」爲前提，即它並不會發生，這僅僅只是想像而已。人生沒有「如果」。這只不過是不滿現實的人們爲了安慰自己所唱的悲歌罷了。

儘管如此，我們仍然會不斷地想起「如果」，這存在著一定的理由。美國心理學家貝瑞·史瓦茲（Barry Schwartz）在《選擇的悖論：爲何多點就是少點》（The Paradox of Choice: Why More Is Less）中指出：「我們會對我們所做的決定打開『心理』之門，對我們沒做的事存在一種慢慢放大其美好一面的傾向。」我們總是會想像，如果選擇走那條路，而不是這一條路，那麼生活或許會更加美好、更加豐饒。

在我見過的患者中，有一個人中了彩券二獎。剛開始他感到非常開心，但是之後卻極度懊惱，因爲他認爲自己錯過了頭獎。

「只要其中一個數字選其他的，那麼我現在就坐擁金山銀山了……」

備感鬱悶的他一氣之下叫上幾個朋友去了最高級的酒店，一晚上就花了3萬。第二天、第三天他都去喝酒，還給女朋友買了價格昂貴的禮物，結果一週之後，兩百萬的獎金全都揮霍掉了。

爲什麼他不把自己獲得的兩百萬放在心上，而只是一味地爲了因一個數字之差而沒能得到的頭獎而惋惜呢？如果錯了兩個數字的話，也許他就不會覺得那麼可惜了。但是，一個數字之差令他備感惋惜，所以他對這件事始終耿耿於懷。

一心念著沒有走過的路而毀掉當前正擺在你面前的路，這是一件非常愚蠢的事。世界上沒有完美的選擇，所有的選擇都伴隨著放棄。所以不管是怎樣的選擇，都會多少留下遺憾和後悔。因此，我們必須做出最佳的選擇，選擇之後便全力以赴。

那麼，如何才能做出最佳的選擇呢？答案便是選擇你所喜歡的。如果一開始某樣事物立刻就俘獲了你的心，那麼這很有可能就是你最喜歡的。其餘的只是具有一定可能性，供你加以比較的對象而已。一旦選擇了最喜歡的，那麼就必須全力以赴。相信它是最佳的選擇，並朝著目標前進。總是想像你沒有走過的路，對你沒有任何好處，反而只會浪費時間和精力。

放棄也是一種選擇

如果你眞正想要做的事，在現實中不可能實現，你該怎麼辦？當然，你可能認爲「沒有什麼不可能」，於是不斷嘗試。這也是成功人士的故事不絕於耳的原因。然而，如果走那條路會浪費大量的時間和精力，今後即便獲得了成功，你失去的遠比獲得的多，那麼放棄同樣是一種明智的選擇。

二〇〇八年十二月，高爾夫選手索倫絲坦在她運動生涯的鼎盛時期突然宣佈退役。二〇〇七年四月，她因爲發現自己突然欠缺距離感，於是去了醫院，檢查結果是她患了高爾夫選手的致命傷——頸椎間盤突出。經過愼重考慮之後，她決定接受身體對自己發出的警告。她覺得是放下高爾夫球去挑戰其他領域的時候了。當有人問她是否打算重新考慮退休問題時，她回答說二〇〇九年將是她開啓第二次人生的一年。此外她還透露了結婚、推廣高爾夫運動、經營服裝事業和慈善財團等一系列關於未來的計畫。

索倫絲坦在選擇的十字路口毅然放棄了高爾夫，但是這絕不意味著她的人生就此結束。她開展了以她名字命名的高爾夫相關事業，享受著幸福的第二次人生。她非常明白放棄同樣也是一種勇敢的選擇。

不要被「一次選擇左右一生」這句話所嚇倒。你做出了一次選擇，並不表示一切就此結束。在這次選擇之後還會有很多選擇的機會。所以，在你做出選擇的時候，不要認爲那就是最終結果。你應該選擇自己所喜歡的，即便那是一個錯誤的選擇。因錯誤的選擇而獲得的經驗同樣是一份寶貴的財產，它可以爲你下一次的選擇提供幫助。而且，在下一次的選擇中，你還有很多的機會可以來糾正之前的錯誤選擇帶來的影響。

請不要畏懼選擇。不要再把選擇的權利交給別人，不管面對什麼都請勇敢地做出選擇。如果你那樣做了，總有一天你會得到你所希望的結果。

當你擁有選擇的權利時，勇敢地進行選擇。如果你實在不知道該選什麼，就憑直覺試著選一個。

當你發現自己的選擇是錯誤的，或者已經無法繼續在自己所選擇的道路上前進時，馬上放棄，然後進行其他選擇。

當你需要做出選擇時，就不要考慮已經投入的東西了。

43 不要過於迷信心理測試

我們在這個世界上遇到的大部分障礙甚至連非常弱的弱者都能夠加以克服。

「我做了一個測試，好像得了微笑面具症候群。」

「我是憂鬱症。」

「前不久我在電視上看到說有一種星期日症候群，我完全就是那樣子。」

每個人可能都會說過這樣的話。

網路上流傳著各種各樣的心理測試，關於各種心理疾病的說明，以及相應的測試選項。

另外，某個問題一旦在大眾媒體上形成社會話題，那麼就會出現相應的「症候群」，而且大眾媒體還會親切地刊登測試選項。通常，媒體會建議讀者測試一下，看看自己是否也患有這類症候群……於是，前所未聞的心理疾病氾濫成災，讓人覺得我們的社會如同一個充滿疾病的王國。

前不久，我看到一則很有趣的廣告。廣告模仿電影「午夜凶鈴」的場景，裡面的主角聲嘶力竭地大喊：「星期天晚上12點，比鬼更可怕的是，明天就是星期一！」事實上，到了星期天晚上，一想到如戰爭般的一週又要開始了，每個人的心情當然會變得煩躁，想起暫時被自己拋到九霄雲外的工作，腦子當然會變得煩亂，這是理所當然的事。但是之後我們會收起玩心，暗自對自己說：「這個週末好好休息了，明天開始就要打起精神好好工作。」在這個過程中，我們培養了忍受生活中不可避免的痛苦的能力，並從中體會到了人生樂趣。

然而現代人認爲情緒必須始終保持平穩的狀態，這種強迫觀念令他們無法忍受一丁點的情緒不佳或心煩意亂。所以，他們會給煩亂的情緒貼上「星期日症候群」的標籤，向專家求助克服它的處方。這麼一來，普通的情緒就變成了需要聽取專家意見的嚴重心理障礙，而不再是可以獨自克服的問題。這樣的做法讓我們錯過了提高解決問題能力的機會。

儘管如此，由於網路或輿論媒體上無數症候群的定義和測試選項的氾濫成災，人們總是不自覺地將自己對號入座，結果很多人都認爲自己患有性格障礙等類似的精神疾病。

所謂的障礙，原本是在某個缺點嚴重到對日常生活直接造成影響，或引發相關問題時才被使用的詞彙，只有當心理疾病測試選項中相應的症狀長時間地表現在整個生活當中，並且對社交生活或人際關係產生持續的影響，才能被稱爲性格障礙。但是很多人都會忽視這一點，偶爾有過那麼一次經歷，就說「呃……我也是」，然後不管三七二十一就在選項上打勾，最終認定自己患有「歇斯底里型人格障礙」或「自戀型人格障礙」。

如同佛洛伊德所定義的，再怎麼正常的人都會帶有一些歇斯底里、一些偏執和一些強迫症狀。雖然每個人與生俱來的氣質和成長環境多少會有所不同，但是因爲同樣都是人類，所以自然會經歷一些共同的矛盾和問題。但是如果誤解心理測試，選擇全盤接收的話，就會誤認爲自己渾身都是毛病，於是就會感到不安，變得畏首畏尾。

因此，不要再盲目地用心理測試做自我診斷，這很容易讓自己變成患者。如果某個問題反覆出現，並因此讓你感到痛苦的話，那麼最好去醫院接受確切的診斷。

另外，只要是人，就不可能不存在問題。《心靈雞湯》中講述了一個青年因爲沒辦法解決問題而感到困擾。這位青年找到他敬仰的一位博士，說自己實在無法依靠自己的力量解決問題。聽完青年的話之後，博士提議說帶他去一個完全沒有問題的人居住的地方。青年高興得簡直要跳起來，說道：「眞的有這樣的地方嗎？請帶我去那裡吧。我願意爲此做任何事。」

博士帶青年去的不是別的地方，正是村莊裡的公墓。博士說道：「你看，這裡有15萬人，但是沒有一個人是有問題的。」

博士想要告訴青年的是，只要你還活著，就一定會遇到問題。的確如此。只要你還活著，就不可能沒有問題。這個世界本來就已經很複雜了，過度的心理測試會將你自己變成患者，造成許多其他的問題。過分相信心理測試是非常愚蠢的行爲。

做完心理測試後，對自己說：「我有心理問題，所以我是個正常人。」

把心理測試當作用來讓腦子休息或者換換心情的遊戲，測試完之後立刻拋到腦後，別去管它。

44 你就是自己的算命先生

「要加油啊！」不管是晚上分手的時候還是談話結束的時候，羅登都要對我說這句話。因為他知道，年輕人是多麼需要聽到這句話。

無論是誰都對自己的未來充滿好奇。尤其是站在需要做出選擇的岔路上的時候，或是前面一片黑暗心裡感到忐忑不安的時候，我們都熱切渴望有一個人對自己說：「你走這條路一定能成功。」這是因爲沒有一個人希望自己最後得到失敗的結果。於是，人們就想依靠占卜與算卦先預知未來，這種職業正迎合了人們希望避免失敗的心理。

三十而立之年，是決定未來的重要抉擇頻頻出現的時期，你需要對職業、配偶等問題做出選擇。但是無論哪個抉擇都無法保證其正確性，所以說，誰也無法確信自己的選擇是否正確。30歲的人在選擇正確的時候，無法像小時候那樣，不會有人對你稱讚鼓勵，也不會有人像父母那樣對你說「做得好」。所以，在未來的不確定性與不安中煎熬的年輕人就會去尋找支持自己、鼓勵自己的人，算命便成了許多年輕人日常生活中不可缺少的一道程序。

可是，去算過命的人都知道，算命先生跟你講的更多的還是你的過去，而不是你的未來。而且對於未來的描述，他們說的話都是千篇一律的，比如：「你有很多才能，但還沒遇到合適的時機。今年之內就會有賞識你的伯樂出現，所以你要再等待一段時間。」如果細細想一下，你就會發現，其實這句話誰都會說。雖然是這樣，但是去算命的人還是堅信這句話是對於自己未來的預言。像這種適用於任何人的所謂「預言」，有些人卻認爲是屬於自己的預言，這種現象叫做「巴納姆效應」（Barnum effect，一種心理學概念），一般人都會很容易相信籠統而一般性的人格描述，認爲可反映自己的人格面貌。

此外，如果仔細分析一下算命先生說的話，就會發現爲什麼他們所預言的東西會實現。這是因爲人們都是根據自己相信的規律行動的。即使不吃藥，但只要根據醫囑，不吸菸、不喝酒，吃飯時間有規律，不吃有害身體的東西，誰都能保持健康。同樣，相信算命先生的暗示，根據他所說的行動，預言自然就會實現了。

比方說，算命先生預言你會考上大學。那麼媽媽就會堅信你能透過高考，並不斷地給不安的你打氣，給予你自信。相反，如果聽到了聯考失敗的預言，那麼媽媽就會灰心喪氣，無端對你發火，把自己的不安情緒傳染給你，聯考結果就可想而知了。這樣，算命先生的預言就像是眞的一樣了。

不僅如此，算命先生還能揣摩人的情感。算命先生如果對前來算命的人說：「你很孤獨，任何事情都不能如意。」這就抓住了他（她）心中的脆弱部分。然後，前來算命的人自以爲遇到了能理解自己的知音，原本孤獨的內心變得十分激動，甚至激動得痛哭流涕，在最後離開的時候，他們還會這樣說：「這位算命先生眞了不起！算得太準了！」

幫你搔搔身上發癢的地方，看一眼就猜出你的生活有多辛酸，這樣的算命先生就變成了「神算子」。從這點上來看，算命先生與客服人員是多麼相似啊！

另一方面，在去算命之前，人們在心裡其實已經有了答案，算命只不過是想找別人來確認一下。所以，如果算命先生說的話與自己的想法不一樣，那麼人們就會認爲這個算命先生算得不太準，而且往往要等到找到了那個認同自己意見的算命先生時才肯甘休。這與「驗證假設傾向」何其相似。所謂「驗證假設傾向」，就是在獲得與自己的理論或信仰相違背的東西時，想對其徹底否定，並爲此尋找各種證據，證明自己的想法才是正確。

綜上所述，人們雖然在到處尋找算命先生，可答案卻早已在心裡，他們已經知道接下去應該如何行動。他們只不過是需要找一個支持者來安慰和鼓勵自己。因此，如果你堅信自己的決定是正確的話，就不必浪費時間和金錢去找算命先生。因爲，未來不是依靠預測就能決定的，而是靠自己的努力創造出來的。

如果你喜歡算命，那不妨多找幾個算命先生問一問，你會發現每一個算命先生所說的話中只有一兩個是符合你的。其實把他們猜對的部分都匯總起來的內容，就是你對自己所瞭解的所有內容。所以，與其花錢、花精力去找算命先生，還不如靜下心來好好省視自己，總結過去，展望未來。

45 用心塑造優勢，不要掩飾弱點

即便是最美的鑽石，放在顯微鏡下觀察，也會發現很多瑕疵。最重要的不是發生了什麼事，而是如何接受發生的事。將它視為缺點還是把它變成優點，完全取決於你的選擇。

一天，一位名叫鄭雄的患者因爲憂鬱症前來諮詢。整個面談的過程中，他一直說是因爲自己沒用、沒能力，所以才會出現問題。而且他還說自己膽子小，非常懦弱，是無能之輩。

和其他兄弟姐妹不同，鄭雄從小在奶奶家長大。奶奶和媽媽關係一向惡劣，所以他只要犯一丁點錯，奶奶就會罵他「和你媽一個德行」。每當這個時候鄭雄就很不好受，覺得是自己做得不好，才讓媽媽受到牽連。另外，他不斷地被一個綽號「最好」的堂兄欺負，但是因爲害怕堂兄報復而一直不敢向其他人透露這件事。於是，他漸漸地覺得自己很無能。

鄭雄認爲自己毫無優點，渾身都是缺點。然而，雖然在無人照顧的環境下長大，也曾經有過徬徨，鄭雄最終還是考上了一所好大學，畢業後進了一家令人羨慕的公司，後來又遇上了相愛的女人，組成了和睦的家庭。能夠做到這些，正是因爲他擁有出色的能力，以及埋頭努力的幹勁。但是他對自己身上的許多優點視而不見，只一味地關注自己的弱點，拚命地想要證明自己是一個多麼傻多麼愚蠢的人。治療沒有一絲進展，他的憂鬱愈發嚴重了。考慮再三之後，我決定改變面談戰略。我試著將焦點放在他竭力否認的優點上。

「假如你的兒子在跟你一樣的環境下長大，然後畢業於眾人羨慕的大學，進入眾人羨慕的公司工作，你會怎麼對待他呢？」

他用顫抖的嗓音回答道：「我會抱著他，稱讚他做得好，辛苦了。」

「那你爲什麼不能這麼對自己呢？」

一般認爲自己一無是處的人總是害怕暴露弱點，終日戰戰兢兢。他們爲自己的弱點感到羞愧，竭力不讓弱點有絲毫的暴露。他們之所以如此，有兩個原因：第一，他們害怕弱點一旦暴露，人們說不定會討厭或拋棄自己。第二，他們害怕其他人會把這些弱點當把柄，來支配和控制自己。

因爲害怕暴露弱點，所以會竭盡全力隱藏弱點。可這樣做不但不能培養自己的優點，反而會放大弱點，令自己更加不安。他們表面上看起來或許很強勢，但是每天睡覺之前，總是會反覆回憶當天發生的事，暗自煩惱，擔心自己是不是表現出了懦弱的一面。

人們由於自身的弱點會感到不安和自卑，這種狀況很像食蟻獸（靠捕食螞蟻維生）捕食螞蟻的情形。食蟻獸會在沙裡挖洞，等待螞蟻掉進去。掉進洞裡的螞蟻爲了逃生，會不斷掙扎，但越是掙扎，就會陷得越深，最終導致周圍的其他螞蟻都被活埋。同樣道理，你若是千方百計想要克服弱點，弱點非但不會消失，反而連優點都會被埋沒。因此，與其在改正弱點上浪費精力，不如找出自己的優點，好好培養。人一旦專注在優點上，就會對世界產生自信，同時對弱點也會變得不再那麼敏感。雖然弱點不能因爲你調整心態就可以消失，但是至少你不會再爲了弱點而感到焦慮不安。

另一個克服弱點的方法是蔑視弱點，以一種無畏的態度面對弱點，面對弱點坦然地說：「是的，我有這種弱點，那又怎樣？」這也是英國哲學家伯特蘭・羅素（Bertrand Arthur William Russell）克服自身弱點時所使用的方法。

說出來你可能很難相信，羅素每次講座之前都會感到極度不安。雖然他一直透過無數的講座和書籍與人們交流，但是每次他都會因爲害怕講座中途發生口誤或忘記講話內容而感到不安。有時他甚至希望自己摔斷腳踝，那樣就不用做講座了。另外，因爲他還擔心講座結束之後聽眾的反應會不好，所以總是神經緊繃。一場講座下來，羅素感到身心俱疲。

但是突然有一天，羅素終於醒悟了：即使出現一點點失誤，天也不會塌下來，自己也不會因此遭受巨大的打擊，所以根本沒有必要擔心。這樣一想，羅素就安下心來了，漸漸地也就不再擔心了。結果，羅素不再感到緊張，口誤也變少了。羅素透過蔑視自己的弱點，最終克服了弱點。

人如果一旦覺得弱點沒什麼了不起，就能夠將它化爲一股成長的動力。世界上不存在沒有弱點的人。而且正是因爲弱點的存在，人才會努力去充實完善自己，從而得到自我發展。我也存在和羅素同樣的弱點，每次講座時都會感到非常不安。但是我明白，無論如何都不可能完全消除不安。我能做的只是充分做好準備，盡量減少不安。所以，講座之前我總是盡可能地閱讀和學習大量的資料，正因爲如此才會有現在的我。

我們常常認爲有能力的人對任何事都不會感到不安或害怕，碰到任何困難都會毫不動搖地堅持到底。我們以爲這是他們克服了所有的弱點，所以才會對他人的看法毫不介意，始終堅持自己的主張。然而，有能力的人並不是沒有弱點。他們只是不害怕自己的弱點，即使弱點暴露在他人面前也不會感到過分的不安。有能力的人知道自己有弱點並不意味著低人一等，所以他們不會竭力去克服弱點，反而會試著去理解和利用它。

因此，請不要再擔心自己的弱點會暴露，對自己的失誤和不足之處更寬容一些。如果你偶爾看到別人露出了失望的神情，那就請你學羅素在內心大喊一聲：「那又怎樣？」他人對此的記憶過三天就會忘，而不足之處我們透過努力可以加以完善。因此，與其被弱點埋沒，不如發展優點，保持自信。這便是克服弱點的方法。

拿起筆來，寫下自己的10個優點和10個缺點，想一想如何好好利用自己的這些優點。

想一想自己的弱點是否曾讓自己的生活陷入不幸，如果沒有，就對自己說：「這些都算不了什麼。」

46 偶爾斷絕一切聯繫，徹底放鬆自己

「換一個角度去想會怎麼樣呢？比如把它想像成一個悠長的假期……」「悠長的假期？」「就說我吧，我認為人不應該每時每刻都刻苦奮鬥，難道不是嗎？總有做什麼都不順的時候。當你做什麼都不順的時候，該怎麼說呢……就把它想成是神賜予你的休息時間吧。這一刻不用太操勞，也別焦躁不安。這一刻不用再努力奮鬥了，一切隨遇而安吧。」

生活在現代社會是一件非常不容易的事情。我們會遇到很多要學習的東西，還要面對很多需要深思熟慮的事情。來自外部的刺激如此之多，可我們的大腦卻沒有這麼多時間來處理。於是，大腦最終會像超負荷運作的電腦一樣運轉速度變慢，不再靈活。我們的判斷力也會隨之急劇下降，導致我們做出錯誤的決定。不僅如此，我們還會因爲思維枯竭而安於現狀。因此，每當做事遇到重重阻力、進展不夠順利時，我們需要暫時停頓一下，休息一下。

就像開車一樣，如果引擎過熱的話，就要休息一會兒，讓它散散熱。同樣，當你發現自

己正在「煞車失靈」一般馬不停蹄地做事情，或者漫無目的地向前疾馳，就應該努力暫時停頓，重新思考前進的方向。即使是一切都很順利的時候，也應該適當地停下來，讓你的大腦獲得休息。

這時候需要的就是休息。要想讓身體、心靈以及大腦都得到休息，就必須切斷所有的刺激。也就是說，要阻斷刺激進入大腦，讓大腦有一個充分處理與整合現有資訊的時間。另外，還要仔細觀察心靈所處的狀態。

比爾·蓋茲一年要去兩次位於美國西北部的別墅，每次都在那裡度過一個星期的時間，他把這段時間稱爲「思考的一星期（Think Week）」。在這段時間內，不僅是同事，連親人的訪問也被拒絕。每次去那裡他都會一個人透過讀書、看報告來給自己充電。可以說，微軟公司的重要計畫都是在這個時候策劃的。

可是某些人卻把舒緩緊張情緒的休息看作是浪費時間。他們認爲與其休息，還不如利用這些時間來做一些更重要的事情。其實，合理的休息絕對不是一種浪費，它反而是讓人生變得更精彩的必要活動。

即使不能像比爾·蓋茲那樣休息一個星期，只要下定決心的話，抽出兩三天時間去休假還是可以的。不要再因爲無聊的負罪感而延遲休息，你應該暫時創造出一個與世界隔離的獨處時間。關掉手機，待在一個沒有任何人妨礙你的地方，保護自己免受外部刺激，讓你的大腦得到休息從而恢復運轉能力，讓你的思維自由翱翔。這時你會恍然大悟，哪些事情是你不做也可以的，哪些人是你不見也行的，以及將來你到底要做些什麼，應該珍惜一些什麼……

找一個週末，把手機關掉，拔掉電話線，不要使用網路聯繫工具，讓自己的身心徹底放鬆。

去一個收訊不良的山區度假，享受徹底放鬆的自由。

與從事不同行業的、很長時間不見的朋友聚聚，不要談論工作，只聊彼此的生活。

47 獻給在職場上遭遇第二個青春期的代理們

用來衡量自己是否擁有才華的尺度始終掌握在你自己的手中。也許最終誰都無法察覺到你與眾不同的才華。最重要的是你是否擁有一份寵辱不驚的寬廣胸懷。

慶秀在這家公司工作到第三年了。因爲他工作勤快、爲人和氣，所以在同一年進公司的同事當中，最先升職當上了代理。他覺得這是對他這幾年來辛勤付出的一種認可，而且當上代理之後能夠學到更多的東西，所以剛開始他非常開心。但是做了一段時間之後，他才發覺這並不全是一件好事。當上代理之後的他不僅多了很多需要操心的事，而且總是感到莫名的不安和害怕。

一位前輩說過的話不斷在他腦子裡徘徊：「代理只是頭銜好聽點而已，這個職位眞的有點不倫不類，既不屬於幹部，也不屬於基層員工。代理其實就是『課長代理』的簡稱。所以啊，就算你再怎麼努力，功勞都是課長的。但是公司會要求你發揮身爲代理該有的能力。一旦做得不好，就會一直待在代理的位置上，並且面臨被解雇的危險。代理這個位置可以說就是用來測試你是否有資格成為課長，也就是測試你是否有資格成為公司幹部的階段。從現在開始的幾年，將是決定你人生的最重要的時期。」

其實，職場代理就像一個「三明治」，夾在幹部和基層職員中間，需要履行的義務和責任很多，但是幾乎沒有權力可言。儘管如此，代理卻需要負責和承擔很多的工作，發揮自己的能力。並且，這個時期的工作情況將對前途產生極大的影響。如同孩子在長大成人之前會經歷個性傾向有些混亂的青春期一樣，生活在這片土地上的代理們也同樣經歷著他們的「青春期」。

青春期是人生的重要轉捩點，當我們的職場生涯面臨像「青春期」一樣的重要轉捩點時，勢必會經歷角色的轉化和隨之而來的選擇問題。因此，這時候我們要面對一場嚴峻的考驗，心理上的矛盾也會變得比較激烈。大多數代理們都會經歷如下幾大問題。

首先，會出現依賴心理與獨立意識的矛盾。基層員工無須對工作負責。他們依賴上司，只需要依照上司的指令認眞執行就行。而且，前輩們也會對他們工作上的生疏報以充分的理解和關照。然而，一旦當上了代理，就必須對自己的工作全權負責。他們被要求可以獨當一面。這時，如果還是具有強烈的依賴感，潛意識中極度害怕獨立的話，那麼代理這個職位就會像一套不合身的衣服，穿上之後渾身不舒服。害怕下屬職員望著自己的眼神，害怕上司會對自己失望而感到緊張不已，從而漸漸喪失自信。如果不能克服這個問題，有些人就會認爲自己應該再去學習，於是選擇辭職。

第二是身分認同的問題。如果說基層員工主要處理上司指示的單純的業務，那麼代理則負責處理更爲核心的業務。因此，代理對自己的工作和公司的組織架構會有一個更深的瞭解，就像站在了分岔路口，面臨決定今後人生的重要選擇。譬如，考慮今後是想要一輩子從事這個工作，還是趁現在盡快轉變方向，或者是尋找一份條件更好的工作機會等。

第三，對競爭的恐懼會變得越來越大。當上代理之後，就會開始爲了今後升任課長、部長展開正式的競爭。這時，如果對激烈的競爭心存恐懼，那麼就會乾脆迴避晉升。

所有的改變都會引發矛盾。矛盾雖然很難應付，但是它本身並不壞。面對人生的十字路口，如果你能很好地解決矛盾，那麼這些矛盾反而能夠成爲追求幸福生活的更好的契機。

如果你感覺現在的職場生活比以前變得難以應付，那麼就請想一想你是否正在經歷職場上的第二個青春期。如果你正在依賴與獨立的矛盾之中掙扎，那麼你只是在經歷一個極其正常的過程。我也經歷過相同的矛盾。當時，我結束實習醫生的課程，成爲主治醫師之後，想到的第一個念頭就是「逃」。一想到自己再也無法躲到其他人的傘下受到保護，所有的事情都必須獨立決定、獨自負起責任，就讓我覺得很有壓力。而且想到才疏學淺的自己還必須去指導後輩們，我就忍不住想要找個地方躲起來。

但是，我並沒有逃避，而是選擇去學習更多的東西。我決定承認和接受已經無法改變的現實。然而令人驚奇的是，透過不斷地努力學習，我產生了自信，也漸漸熟悉了自己的角色和職責。後來我才知道，我的同事也都經歷過和我一樣的過程。因此，並不是只有你一個人在經歷著這種矛盾，你也不必畏首畏尾。

另外，如果你出於對競爭的恐懼而感到職場生活艱難，那麼請你轉變自己的想法。競爭並不只是你死我活的競爭。如同在馬拉松比賽中，如果有實力相當的選手與你並肩奔跑，那麼你就會更加拚命地向前衝，職場上也是如此。如果存在競爭者的話，你就會爲了戰勝他而付出加倍的努力。所以有人曾經說過「競爭者是人生的良師益友，如果不存在競爭者，那麼人生就不會有進步的餘地。」因此，請不要感到害怕，應該積極展開善意的競爭。即使不能成爲最後的贏家，你也一定能夠成爲比現在更出色的人。

任何人都會經歷成長的痛苦，處在職場青春期的你也正經歷著成長的痛苦。不要因爲痛苦而迴避它，你應當認眞思考一下剩餘的人生應該如何走下去，並且創造屬於你的生活節奏。在順利度過第二次青春期之後，你就能夠迅速地成長起來了。

靜下心來好好梳理一下自己目前所處的環境，列出自己所面對的機遇和挑戰，想一想自己希望得到的是什麼，以一種清晰的態度去迎接自己的工作。

48 獻給極度討厭被干涉、被命令的人

假如我的肩膀上沒有任何負擔，那麼我就不會有現在的生活，正因為肩膀上的負擔重，我才懂得小心謹慎，正直而誠實地面對人生。現在看來，肩膀上沉重的擔子是上天賜予我的珍貴禮物。

「別管我。我知道自己該怎麼做。」兒子砰的一聲把門一關，就進了他自己的房間。「好，你想怎麼樣就怎麼樣吧。以後別來找我！」我也同樣氣呼呼地大喊。一方面對兒子很生氣，一方面心裡又很不是滋味：「自己明明是爲了他好，他爲什麼就那麼固執呢？」突然，我想起自己在青春期時候的事。只要父母提出建議或忠告，我也會像我的兒子現在一樣，很不高興地嫌父母嘮叨。我也有過同樣經歷，又怎麼能怪他呢？

西元前的希臘雅典遺址中也曾這樣記載：「如今的年輕人不懂禮數，眞令人擔心。城邦的將來堪憂啊！」由此可見，不管是在兩千年之前，還是當下，在年長的人眼裡，年輕人的行爲從古至今都是一樣讓人擔心。

自律性是獲得獨立的必要前提。因此，在渴望獨立和依舊依賴的衝突非常嚴重的青春期，我們很難容忍父母或老師的忠告，害怕他們綁住或管制自己，妨礙自己獲得獨立。

現在的年輕人尤其無法忍受被干涉和管制。他們從小就習慣聽從父母的安排，幾乎從來沒有按照自己的意願自由玩樂過。雖然爲了上大學不得不遵從父母的意思，但是他們一直覺得自己是父母的玩偶和傀儡。他們被管制得喘不過氣來，因此對管制本身顯得非常敏感。一旦稍微感覺受人管制，就會受不了而死命掙脫。他們只要一聽到諸如規則或規範之類的話，就會表現出強烈的反感。

踏入社會之後，他們會發生更嚴重的問題。任何社會組織或團體都存在自己的規則，正是規則讓社會得以順利運轉。即使夫妻之間或父母子女之間，也都存在著彼此必須遵循的規範，更何況是在一個擁有數百或是數千名員工的共同體之內呢？因此，一旦踏入職場，就必須遵守既定的體系和各種規則。

然而，如同電影「駭客任務」裡所有的人都在統一的體系下被培養和操縱著一樣，現在的年輕人認爲自己在職場中也有一種受人操控的感覺，這種感覺令他們透不過氣來，於是他們心中充滿了憤怒。在他們看來，上司的建議或命令也像是一種約束或管制。很多時候，他們往往會因爲無法忍受下去而再三地考慮要不要辭職不幹。他們不知道是繼續生活在聽命行事的管制下，還是享受自由的生活。面對兩種選擇，他們左右爲難。

如果你認爲自己無法忍受組織的規則，或者對上司的命令產生強烈的反感，那麼你就必須好好想一想了。這是否讓你覺得自己被剝奪了自律性。如果是那樣的話，你只是因爲缺乏自我，覺得遵循規則或聽命行事是他人在支配自己，從而感到害怕。

自律性和自由本來就不是無限的，因爲我們生活在世界這個籬笆裡面。因此，自律性同樣必須在籬笆裡面被行使。職場中的自由同樣是以遵守無數規則爲前提的自由。如果不能認同這一點的話，那麼你就很難從屬於任何團體。眞正的自律性指的是，不管他人如何想要約束或操控自己，一旦認爲這是錯的或覺得不喜歡，你有隨時說出「No」的自由。因此，也許你是因爲害怕自己太過高調會遭人排擠，所以行事說話過分謹小愼微，畏首畏尾。也許和職場中的體系或各種規則無關，而是你自己放棄了自律性。

然而，如果是因爲性格上無法忍受束縛或管制的話，那麼你只要選擇一種凡事可以自己做主的自由自在的生活即可。但是，在這種情況下，你必須自己決定所有的一切，並且必須對產生的結果負責。對你下命令的上司每天做的這些事現在必須由你自己來做。而且，你正在走的這條路是對是錯，也必須由你自己來做出判斷。你必須忍受孤獨，必須承受如果出了錯，沒人會來幫你善後的危險。像這樣，一旦你選擇了自由自在的生活，那麼就必須放棄團體給予你的從屬感和安定感。

不管你選擇怎樣的生活，都必須承擔起相應的責任。如果想要在職場上繼續打拚下去，那麼就必須接受職場的規則，如果渴望自由自在的生活，那麼就必須承受獨自決定和獨自負責的寂寞和危險。世界上沒有十全十美的生活，關鍵在於你選擇幾分自由和幾分束縛。

去野外放風箏，觀察被線繩牽著的風箏。

坐一坐地鐵，感受被鐵道束縛著的列車的快捷與方便。

49 透過嫉妒別人讓自己成長

即使你很正派、很誠實，別人也有可能會欺騙你。即便如此，你也要做一個正派、誠實的人。你花了好長時間做出的成就，可能在一夜之間就被別人破壞。即便如此，你也要做出一些成就。如果你正享受著和平與幸福，某些人可能會嫉妒你。即便如此，你也要幸福。

你有沒有嫉妒過別人呢？是否因爲他（她）的能力比自己出色，就十分討厭他（她）？你有沒有埋怨過令你狼狽的人，希望他（她）最好消失不見？你有沒有對在公眾場合讓你難堪的人充滿敵意，想證明他（她）不過是一個無所作爲的人？你是否暗自希望他（她）會失敗？或者想把他（她）的能力奪過來，變成自己的能力？還有，你是否覺得憎惡比自己優秀的人的這種心態，非常糟糕和令人心寒呢？

嫉妒心是我們生活中不可避免的。嫉妒心從幼兒時期就存在了，在我們想到「我還有沒得到的東西」的那一刻開始，嫉妒心就產生了。從某一刻起，嬰兒就意識到比起母親的力量來，自己的力量是那麼的渺小。所以英國精神分析學家克萊因（Melanie Klein, 1882-1960）曾說過，從想到「只有母親給奶吃，才能吃到奶」這一念頭開始，嫉妒心就產生了。但是，嫉妒心的產生並不是想要彌補不足之處，而是一種要把別人擁有的而自己得不到的東西搶走或破壞掉的欲望。

嫉妒心不只會傷害對方，還會傷害到自己。產生嫉妒心的人會對無所作爲的自己灰心喪氣、憂鬱神傷，或產生憤怒之情。同時，他（她）會在要超越對方的欲望之中迷失自我，而經常籠罩在焦躁與不安的情緒裡。在對方身上耗費了太多精力後，他（她）最終會感到身心俱疲。

同時，被嫉妒的對象又會怎麼樣呢？其實他（她）也會同樣痛苦。被別人嫉妒過的人都知道，如果周圍一直有人對你虎視眈眈，就等著看你犯錯或失敗，那是一件多麼辛苦的事情。就像羅爾夫・哈爾伯所說的，成爲被別人嫉妒的對象，只能孤獨地證明自己的才能。

有的人太害怕別人嫉妒自己，以至於無意中阻礙了成功的可能。可有的人在成功的同時，也能做到不被別人嫉妒。

後者的特點就是十分謙虛。他們絕對不外露或宣揚自己的才能。他們經常靜悄悄地做事，與別人分享成果與功勞。但即使他們刻意低調，也總會像寶石一樣發光，讓周圍的人也自然而然地佩服他們。當然，他們也會受到別人的嫉妒，不過這股嫉妒的力量在周圍人的敬意中低下了頭，所以其破壞性就相對消滅了。

嫉妒心是人類擁有的原始感情之一。嫉妒心能提供發展的原動力，所以也有其積極的一面。但是假如在你的心裡，對別人的嫉妒心像毒蛇一樣抬頭的話，那你就要小心了，別讓你的嫉妒心吐出毒液來。

爲了防止嫉妒心侵佔自己的心靈，你一定要學會滿足於自己擁有的東西。人類是永遠不會滿足的動物，總是希望擁有的東西越多越好，這就是人類的本性。可是，你要想讓自己滿足的話，最重要的是找到自己在這世界上獨一無二的存在價値。

另一方面，我們又避免談論嫉妒心，因爲這種情感是足以令人羞愧的。可是，不管怎樣否認嫉妒心的存在，我們的嫉妒心也不會就此消失。嫉妒心反而會因爲無法釋放，而變成怨恨、自卑感與痛苦，變本加厲地折磨我們。因此，如果產生了嫉妒心，最好去找値得信任的朋友或長輩，吐露一下自己的感情。在你說出「看得眼紅死了」的那一刻，你會明白這種想法是多麼可笑、幼稚。然後，嫉妒心就會因爲你的羞愧而失去其毒性。不過，在公司裡，盡量不要說出類似的話語，以防產生反噬效果。

最後，你應該把嫉妒心看成是提醒自己不足之處的一種信號。透過接觸對方，你瞭解到自己還有哪些不足，還有哪些想要的東西。那麼，從現在開始，你就應該想想自己還需要做些什麼。無論如何，不要埋怨對方或產生自卑感，而應該認眞考慮一下，如何去彌補自己的不足之處。爲了自己的個人發展，好好利用嫉妒心，這才是最明智的選擇。

想一想自己有沒有嫉妒的人，想一想自己究竟嫉妒他（她）哪些方面。

告訴自己：「我眼紅了，但這很正常。」

透過努力提高自己，消弭自己的嫉妒心。

50 堅持不懈才能衝破「臨界點」

我之所以能夠接連創作出三部長篇小說，是因為擁有這份決心。除了這份近乎傻氣的努力，又有什麼可以對我們人生負起責任，為我們的人生增添光彩的呢？和與生俱來的才能相比，我更相信傻傻的努力。因為我相信只要埋頭默默苦幹，也能夠變得出色耀眼。

我曾經擔任過某電臺節目電話諮詢項目的諮詢師。有一次，一個年輕的男人打來電話諮詢，說自己不確定對方愛不愛自己。然而，令人吃驚的一點是，打來電話諮詢的那天他們倆剛剛認識。雖然說愛是一見鍾情，但是這樣也未免太誇張了。我說愛是在相互慢慢瞭解的過程中培養起來的，建議他耐心等待一段時間。然而，他聽完這句話，頓時就發火了，說道：

「怎麼等得了呢？」

如今人們似乎忘記了等待的方法。他們狂熱地追求速度，只有當場給出個結果，才會善罷甘休。因此，一旦對方沒有即刻回覆自己的簡訊，就會發火，質問對方「爲什麼不回覆？」他們會覺得對方無視自己，而不會認為對方「可能不方便回簡訊」，更不會耐心等待。之所以在建立關係上顯得焦躁，是因為不相信對方。如果相信對方，就會認為到時肯定會得到回覆，可以安心地等待結果。然而，如果不相信對方的話，就會在等待的過程中想到所有的可能性，從而變得焦躁不安。可以說，對對方的不信任最終使得自己變成「急性子」。

但是，如果認為人心十分鐘之後不知道會變成什麼樣子，或者認為明天世界不知道會變成什麼樣子，那麼就不會有人會像傻瓜一樣為了未來去等待結果。他們就必須當場確認對方的心思，要求結果馬上呈現在眼前。

作家彼得・博夏德（Peter Borscheid）認為這些對速度中毒的現代人可能是感染了「節奏病毒」。他們不知道自己朝著什麼目標奔跑，只是一味地追趕著速度這個惡魔。如今，人們即使沒有什麼可忙的，也會趕緊去做。因為如果不抓緊時間的話，他們就會感到不安，擔心自己會成為一個落伍者。這種不安會讓人變得衝動，認為「人生很無聊，想要什麼就應盡快拿到手」。所以，他們希望當場就能夠得到滿足，一旦需求不能馬上得到滿足，就會報以無視和輕蔑。最終，人們在不信任和不安當中，漸漸地喪失自制力，失去耐心。

如今的年輕人在工作上也偏愛那些能夠立刻看得到成果的工作。對於那些辛苦的、要求毅力的工作，就會以不符合性格為藉口選擇迴避。但不管是什麼工作，如果只是一味地追逐一時的成果，就絕對不可能出色完成。反而會在工作中出現漏洞，被時間追著跑。另外，還會出現什麼也做不好、做事半途而廢的情況。

忙亂中更容易出錯的理由在於我們大腦的運轉方式。很多人認爲同時處理多件事情，工作的速度就會變快，就能夠趕在前面。但是，令人遺憾的是，我們的大腦在一次處理一件事情的時候，運轉的效率才最高。大腦擁有一個「刺激壁障」，它只接收自身所必須的刺激，然後將剩餘的刺激全部過濾掉。因此，雖然電腦可以同時處理兩件以上的事情，但是大腦如果想要同時處理兩個課題，那麼處理能力反而會下降，從而導致時間的浪費。

有一項實驗能夠證明這一點。MIT心理學家宇宏・志昂以大學生爲對象，下令他們同時區分十字架和非十字架的圖形。大學生們一開始都覺得很簡單，但是實驗開始之後才意識到很不容易。很多學生都出現了失誤，速度也很緩慢。實驗結果顯示，同時區分十字架和除此以外的圖形，比單獨區分的時候多花費兩倍以上的時間。

另外，德國科普作家斯特凡・柯萊恩（Stefan Klein）在《生命的時間學》（The Secret Pulse of Time）裡指出，想要一次處理很多事務的急躁與空虛形成了硬幣的正反兩面。人們往往將自己一天的行程安排得扎扎實實，不留一絲空閒。然而，到了晚上回顧當天，卻覺得自己也沒做什麼事，只是瞎忙而已。這時，人們就會有一種空虛的感覺。急躁非但無法提高工作效率，反而會導致空虛。

像這樣，與一步一腳印相比，企圖一步到位的急躁反而會產生不好的結果。因此，我們必須不急不躁，爲著長遠的未來而努力奮鬥。這時就需要堅持。如同再好的白米也要煮熟了才會香，劉備三顧茅廬才得到諸葛孔明一樣，成果或者人心都不是一朝一夕就能獲得的。學會做某件事也是同樣的道理。如果對學習量、學習時間、反應時間、精密度等進行測定，然後繪製學習曲線，那麼我們可以看到曲線的走向是先上升，然後略微下降，之後再大幅上升，再稍稍下降，之後再上升。在這裡我們必須注意一點，不管學習什麼，都存在一個停滯或退步的時期，只有經過這個階段才能再次提高。但是，缺乏毅力的人往往熬不過這段時期，最終中斷學習。

經過長期的努力，我們就能夠在某一瞬間得到飛躍性的發展。「臨界點」指的是所有的一切發生巨大變化的瞬間。例如，99℃的水達到100℃的時候不過相差1℃，但是水發生了質的變化。這被稱爲臨界點。我們的生活中也存在著臨界點。然而，如同必須等待開水沸騰一般，爲了這個瞬間，我們需要一個忍耐和準備的過程。

從古至今，偉人們實現了眾多的偉大發現，從他們的故事中，我們也能夠深切體會到毅力的重要性。他們一般都會這麼來形容發現的經過：

「當時，我怎麼努力也毫無進展，幾乎快放棄了，然而，突然有一天就有了靈感。」

很多人都將目光放在「突然有一天」上，認爲「他果然是個天才」，但其實他們是因爲撐過了「再怎麼努力也毫無進展」的痛苦瞬間，才獲得了成功。

但是，堅持不懈地努力並不像說的那麼容易。我們經常能夠看到，周圍有些人其實只要稍微再努力一點就能夠獲得成功，但是最後還是選擇了放棄。可是親眼目睹他們在這段期間所付出的艱辛以後，旁觀者也不忍心去阻止他們。然而，實現偉大發現的人是因爲什麼沒有放棄研究呢？這是因爲他們懷抱著一份信念，一股總有一天理想會實現的強烈信念。

因此你也應該相信，只要你付出努力，這個世界總有一天會回報你。只有這樣，你才能夠堅持不懈地埋頭工作。只有這樣，你才能夠獲得自己想要的結果。當你因爲感到不安、辛苦而想要放棄的時候，請再想一想自己的目標，想一想你是否因爲心態急躁而想要一步跳過那些必須經歷的過程。並且請你記住，如果你不願意花費漫長的時間，而只一味地關注於如何走捷徑，那麼你不但無法達到目標，反而會在中途迷失方向。只有堅持不懈地一步一腳印向前走，才能夠到達目標。

値得慶幸的是，毅力不是天生的，它是能夠透過訓練培養起來的。因此，不要認爲「自己眞的不行」，盲目放棄，這時你應該稍事休息之後重新一點點開始。透過練習冥想或馬拉松等，慢慢地延長練習時間，能夠幫助培養毅力。當你不斷延長時間，慢慢接近目標的時候，你就能夠體會到努力帶給你的成就、快樂以及對自己的自豪感。之後，當你做其他事情的時候，也能夠保持堅持不懈的態度。

毅力是一種美德。不管是在工作還是在人際關係上，都需要有毅力。世界上沒有任何東西是能夠輕而易舉獲得的。因此，請不要急躁，盡自己最大的努力把你現在所從事的工作做好。只要堅持不懈地努力，那麼某一瞬間你就會發現，你已然到達了臨界點。

不要在意目前取得的成果的大小，告訴自己：「繩鋸木斷，水滴石穿。」

不要想自己收穫了多少成功，只想一想自己有沒有付出努力。如果付出了努力，就告訴自己：「你至少沒有虛度光陰。」

51 讀書會改變你的生活

就是那所鄉村圖書館，造就了今天的我。其實讀書的習慣比哈佛大學畢業證書更重要。

你知道成功的CEO或者領導人的共同點是什麼嗎？就是他們都是些書不離手的「書蟲」。比爾·蓋茲每天都會花1小時，而週末要花2至3小時用來看書。雖然身爲建立起龐大網路帝國的世界首富，但是他仍然主張青少年應該多讀書，而不是多上網。世界級的投資專家巴菲特也是個有名的「書蟲」。他每天的生活，以讀書開始，以讀書結束。美國前總統比爾·柯林頓也非常喜歡讀書，他曾經在十天的休假中，讀完了多達12本的書。

要想成爲領先一步的領導級人物，必須要關注和掌握一些關於當今時事走勢等各方各面的知識。大凡成功的CEO都會喜歡讀書，透過閱讀書籍，他們不僅獲得了新的資訊與知識，還擴展了想像力與夢想，促使自己開創新的未來。愛迪生曾說過：「讀書，就是一種創造自己未來的過程。」

身處世界的一個角落，我們能經歷的事物都很有限，所以也不可能親身接觸到世界上發生的所有事情；就算經歷了很多事情，我們也無法跨越時間與空間的界限。這時候，能夠幫我們彌補這些缺陷的就是書。書中記錄的，是從宇宙產生到宇宙滅亡的無限時間內發生的所有事情。書中的內容，或是承載了各個領域的專家傾其一生所獲得的知識，或是對人生有所感悟的人所悟得的智慧。因此，透過讀書，我們可以與從未謀面的世界相遇，可以對陌生世界有所瞭解。透過讀書，我們可以知道北極是什麼樣子，當今全球的旅行趨勢是什麼。書籍能讓我們坐上時間機器，返回到古代去「參觀」古人的生活方式。不僅如此，我們還能透過閱讀關於未來預測的書籍，來展望不久的未來。蘊藏著無限知識的書籍，能爲我們打開想像的翅膀。

此外，即使身邊沒有殘疾人，也沒有在戰場上遭受過炮擊的親戚，我們也能透過讀書知道，自己認爲的普通不過的日常生活，在別人看來卻宛如天堂一般幸福。透過讀書，我們還能瞭解到，自己無意識的一個舉動，可能在別人看來就是一種暴力行爲；自己的漠不關心可能會造成他人的死亡。透過讀書，我們能感悟到眞正的人生，並同時能夠接觸到陌生的世界，感受到自己存在的渺小。

也正因此，儘管我不相信「人生中存在著絕對眞理」，但是我堅信「書中自有『黃金屋』」，因爲我也是透過讀書而改變了自己的人生。

對於幼時的我來說，書就是一個避風港與遊樂場。上小學時，我家裡有個閣樓，我的堂兄看過的書都放在那裡，上面佈滿了灰塵。當時，我非常喜歡在閣樓上看那些書。一放學回家，我就把書包一扔，急匆匆跑上閣樓看書，一直看到日落。其中，普魯塔克（Plutarch）的《希臘羅馬英豪列傳》，以及由一百卷組成的《世界文化全集》實在太好看了，我反反覆復讀了好幾遍。在閣樓裡，我還閱讀了莫泊桑《女人的一生》、赫塞《玻璃珠遊戲》、巴斯卡《思想錄》、夏綠蒂‧勃朗特《簡愛》。到了青春期以後，我又讀了很多書，其中最喜歡的是法頂法師的《無所有》、德國女作家路易絲‧林澤爾（Luise Rinser）的《悠悠情愫》以及田惠麟的《什麼話也沒說》等等。

自從當了專職醫生以後，我既要做好本職工作，又要照顧小孩，還要學習專業知識，撰寫論文，忙得不可開交。一天，一本書突然映入我的眼簾，那就是金成坤所著的《電影散文》。讀了這本書，讓我明白了電影就是人生縮影的道理，並由此對電影產生了興趣。後來，我以精神分析觀點寫了某一部電影的影評，提交到了分析學會的留言板上，大家回響熱烈。從此，我鼓起勇氣，開始對一些看過的電影，陸陸續續地寫一些影評，不知不覺中發表了有一本書那麼厚的文章。周圍的人都勸我出一本書，於是我把原稿交給了出版社，順理成章地開始了現在的寫作生涯。

如果沒與那些書接觸，我對電影也不會發生興趣，更不會產生提筆的念頭。都是因爲讀書的功勞，讓我走上了未曾料想的寫作之路。

所以我不得不歌頌讀書這個習慣。透過讀書，我發現了另外一個自我，並開始了嶄新的人生之路，所以讀書絕對值得我來歌頌和讚揚。今後，我還是要繼續向年輕人提倡讀書。確實如此，書中眞的有「黃金屋」。

讓自己每天都讀一點書，哪怕只讀一頁也好。

失眠時，拿起一本書來讀。

要出遠門時，帶上一本感興趣的書。在漫長的旅途上，它會讓你受益匪淺。

隨身帶一個小本子，看書受到啓發時隨時記錄下來。

52 努力讓世界變得更美好

當整個城市被黑暗籠罩時，我獨自一人拿起燭火，不會讓黑暗消散。但是我不會只是埋怨太黑了，太黑了。我要先點燃我手中的蠟燭，然後將火光傳給旁邊的人，然後再讓他傳給旁邊的人，直到蠟燭燃盡為止。我想先讓自己的周圍變得明亮而溫暖。雖然這不能解決一切，但是我會盡己所能地去做一些事。我真的想要這麼做。充滿生機的年輕人們，如果你現在就站在我身邊，你會欣然接受我的燭火嗎？

人生如白駒過隙，時光無法倒流。我們不妨留下善行，努力讓世界變得更加美好，爲後人造福。當你幫助別人獲得快樂之後，自然在助人爲樂之餘，也會得到相應的回饋。這是讓有限的人生活出無限的方法，也是可以讓自己此生無憾的方法。

因爲在你死了之後，你所創造的那個更加美好的世界依然會繼續存在下去。運氣好的話，在你的有生之年，你也能夠享受到這個美好的世界。不管怎樣，爲創造一個更加美好的世界而努力，必然會賦予你的人生更多的意義和價值。

每天回家後，想一想自己今天有沒有幫助過別人。如果有，獎勵自己一塊巧克力、一杯咖啡或者其他自己想要的東西。

在你的生命中，哪些事物能讓你感到快樂、滿足與自豪？想一想怎樣才能更多地獲得這些事物？

國家圖書館出版品預行編目資料

30歲前一定要打的強心針／金惠男著；嚴春霞譯
——初版——臺北市：大田，民100.02
面；公分.——（Creative；016）
ISBN 978-986-179-201-9（平裝）

1.自我實現 2.生活指導

177.2 99026638

Creative 016

30歲前一定要打的強心針

金惠男◎著
嚴春霞◎譯

出版者：大田出版有限公司
台北市106羅斯福路二段95號4樓之3
E-mail:titan3@ms22.hinet.net http://www.titan3.com.tw
編輯部專線（02）23696315 傳眞（02）23691275
【如果您對本書或本出版公司有任何意見，歡迎來電】
行政院新聞局版台業字第397號
法律顧問：甘龍強律師

總編輯：莊培園
主編：蔡鳳儀 編輯：蔡曉玲
企劃行銷：黃冠寧 網路行銷：陳詩韻
校對：陳佩伶／蘇淑惠
承製：知己圖書股份有限公司・(04)23581803
初版：二〇一一年（民100）二月二十八日 定價：新台幣 260 元
四刷：二〇一一年（民100）十二月一日
總經銷：知己圖書股份有限公司 郵政劃撥：15060393
（台北公司）台北市106羅斯福路二段95號4樓之3
電話：(02)23672044／23672047・傳眞：(02)23635741
（台中公司）台中市407工業30路1號
電話：(04)23595819・傳眞：(04)23595493
國際書碼：978-986-179-201-9 /CIP：177.2 / 99026638

廣告回郵
北區郵政管理局登記證北台字1764號
免貼郵票

From：地址：

姓名：

請沿虛線剪下，對摺裝訂寄回，謝謝！

To： **大田出版有限公司　編輯部收**

地址：台北市 106 羅斯福路二段 95 號 4 樓之 3
電話：(02) 23696315-6　傳真：(02) 23691275
E-mail：titan3@ms22.hinet.net

大田精美小禮物等著你！

只要在回函卡背面留下正確的姓名、E-mail和聯絡地址，
並寄回大田出版社，
你有機會得到大田精美的小禮物！
得獎名單每雙月10日，
將公布於大田出版「編輯病」部落格，
請密切注意！

大田編輯病部落格：http://titan3.pixnet.net/blog/

智　慧　與　美　麗　的　許　諾　之　地

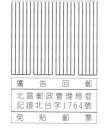

✳請沿虛線剪下，對摺裝訂寄回，謝謝！

閱讀是享樂的原貌，閱讀是隨時隨地可以展開的精神冒險。

因爲你發現了這本書，所以你閱讀了。我們相信你，肯定有許多想法、感受！

讀 者 回 函

你可能是各種年齡、各種職業、各種學校、各種收入的代表，
這些社會身分雖然不重要，但是，我們希望在下一本書中也能找到你。

名字／＿＿＿＿＿＿＿＿ 性別／□女 □男　出生／＿＿年＿＿月＿＿日

教育程度／＿＿＿＿＿＿＿＿＿＿

職業：□ 學生　□ 教師　□ 內勤職員　□ 家庭主婦
□ SOHO族　□ 企業主管　□ 服務業　□ 製造業
□ 醫藥護理　□ 軍警　□ 資訊業　□ 銷售業務
□ 其他＿＿＿＿＿＿＿＿

E-mail/＿＿＿＿＿＿＿＿＿＿＿＿＿＿ 電話/＿＿＿＿＿＿＿＿

聯絡地址:＿＿＿＿＿＿＿＿＿＿＿＿＿＿＿＿＿＿＿＿

你如何發現這本書的？　書名：30歲前一定要打的強心針

□書店閒逛時＿＿＿＿書店 □不小心在網路書站看到（哪一家網路書店？）＿＿＿＿

□朋友的男朋友（女朋友）灑狗血推薦 □大田電子報或網站

□部落格版主推薦＿＿＿＿＿＿＿＿＿＿＿＿＿＿＿＿

□其他各種可能 ，是編輯沒想到的＿＿＿＿＿＿＿＿＿＿＿＿

你或許常常愛上新的咖啡廣告、新的偶像明星、新的衣服、新的香水……

但是，你怎麼愛上一本新書的？

□我覺得還滿便宜的啦！ □我被內容感動 □我對本書作者的作品有蒐集癖

□我最喜歡有贈品的書 □老實講「貴出版社」的整體包裝還滿合我意的 □以上皆非

□可能還有其他說法，請告訴我們你的說法

＿＿＿＿＿＿＿＿＿＿＿＿＿＿＿＿＿＿＿＿＿＿＿＿＿＿

你一定有不同凡響的閱讀嗜好，請告訴我們：

□ 哲學　□ 心理學　□ 宗教　□ 自然生態　□ 流行趨勢　□ 醫療保健
□ 財經企管　□ 史地　□ 傳記　□ 文學　□ 散文　□ 原住民
□ 小說　□ 親子叢書　□ 休閒旅遊　□ 其他＿＿＿＿＿＿＿＿＿＿

一切的對談，都希望能夠彼此了解，
非常希望你願意將任何意見告訴我們：

大田出版有限公司編輯部 感謝您！